ウイリアムス神学館叢書

II

# 今さら聞けない!?
# キリスト教

## 聖書・聖書朗読・説教編

Yutaka Kuroda
黒田 裕

教文館

# まえがき

ウイリアムス神学館「今さら聞けない!? キリスト教講座」は、教会生活は長いのだけれど、それだけに今さら聞くのはちょっと気恥ずかしいような、キリスト教に関する基本的な質問や素朴な疑問にお答えしようと二〇一四年にスタートした信徒講座です。

本書はその第二回目、二〇一五年度に行われた同講座「み言葉の奉仕（聖書、聖書朗読、説教）編」（全一〇回）の講義録を再構成し、加筆修正して書籍としてまとめたものです。

本書の構成には、筆者の属する聖公会など典礼的な教会が、世界的な礼拝改革運動を受けて、ここ数十年の間に主日（日曜）礼拝として重視してきた聖餐式の構造がいくらかの背景をなしています。その構造とは、聖餐式に不可欠な二大要素である「み言葉」と「聖餐」です。聖餐式の式次第から核となる部分を抜き出してみましょう。

参　入

《み言葉》

旧約聖書、詩編、使徒書

福音書

説　教

ニケア信経（クレドー）、代祷、懺悔

《聖　餐》

平和の挨拶、奉献、主の祈り

陪　餐

祝福、派遣の唱和

本書では、この前半部分つまり「み言葉」の部にかかわる聖書（第1章）、聖書朗読（第2章）、説教（第3章）をテーマとして礼拝での順序にしたがって配しています。

また近年、聖公会では、たとえ主日に司祭が不在であっても、その日に割り当てられている聖書箇所を用いて礼拝できるように「み言葉の礼拝」という式文が広く使われています。こうして、日曜日に礼拝式としての聖餐式をおこなえない場合であっても「聖餐式聖書日課」で定められた聖書のみ言葉を中心に感謝と賛美の豊かな礼拝をささげることができるようになりました。これにより聖書朗読はもちろんのこと、

「説教」にあたる部分でも、勧話や「み言葉の分かち合い」を通して、み言葉にかかわる奉仕に信徒が参与する余地が広がったことになります。

先に図示した聖餐式の各要素の配列で表現されているものを含めて、本書で扱われている各テーマについての学びが、「み言葉」の部分での礼拝奉仕に参与する方々の、その務めへの思いを新たにすることへとつながるのであれば、筆者としてこれほど嬉しいことはありません。

本書の基となった講座では第一回目のワークショップで出された受講者の質問について、残りの九回でその一つひとつに答えていくというかたちをとりました。そのため本書もそれぞれのテーマについて体系的、網羅的に論じたものではありません。したがって、どの章、節からでも、あるいは、目に留まった項目からでも読んでいただいて構いません。そして、むしろそこから各分野の入門書や専門書へと進んでいただくことを願っています。

なお、本文中の聖書の引用と書名の略語は、主に『聖書 新共同訳』（一九八七年）によりました。また、書籍化にあたっては、なるべく教派を超えて理解されやすい表現に直すよう努めましたが、それでもなお、筆者の属する教派で通用している表現や英語表現が多用されている点については読者の寛恕を請う次第です。

# ▒目　次▒

# 第1章

# 今さら聞けない!?

# 聖書

「聖書」とはどんな書物で、どのように生まれてきたのか——こうした問いに答えようとする学問的な議論は「緒論《ちょろん》」と呼ばれ、「序論」と同義とされています。「聖書とは何なのか。いつ、どこで、誰によって、何語で書かれ、誰に向けて書かれたものか」——まずはそこから始めましょう。

# 1 「聖書」とは何か

## 旧約聖書と新約聖書

聖書は旧約聖書と新約聖書からなっています。「旧約」「新約」の「約」は「契約」を意味しています。つまり、聖書とは契約に関する書物ということになりますが、この場合の契約とは「神と人の間で結ばれた契約」です。

「新・旧」の文字が付いていますから、「古い契約」と「新しい契約」という意味になりますが、これはキリスト教の立場です。キリスト教で「旧約聖書」と呼ばれている部分はユダヤ教の聖典でもありますが、ユダヤ教では当然「古い契約」という考え方はしません。成立したのは「新約」より古いですが、「新約」の登場によって自分たちの神との契約が「古くなった」とは考えないからです。こうした点への配慮などから、最近では旧約聖書を「ヘブライ語聖書」と呼ぶことも多くなってきました。内容上の違いは全くありませんが、呼称がもつ背景には注意する必要があります。ここでは便宜的に主として「旧約聖書」という呼び方をすることにします。

「旧約」と「新約」の違いは言うまでもなく、イエス・キリストの存在です。イエスの出来事を経ずに新約聖書が成立することはありませんでした。ユダヤ教の国の中で「神の国」の宣教活動を行ったイエスの公生涯は十字架と復活、昇天という出来事を経て、イエスを「キリスト（メシア／救い主）」とするキリスト教信仰へと繋がっていきました。最初の信徒たちは「聖霊降臨」（ペンテコステ*）という出来事を経て、教会を形成していきます。そして、キリストの再臨を待望する人びとによって、イエスの生涯以降の出来事を証しする文書群が残されていきました。これが今日「新約聖書」と呼ばれる書物の始まりです。

**聖書の構成**

さて、聖書は旧約聖書と新約聖書からなってますが、二つの書物が一冊の本になったという考え方は厳密ではありません。それぞれは細かい書に分かれており、旧約は三九書、新約は二七書で構成されています。各書は基本的に独立しており、この旧新約あわせて六六書が「正典」とされています。その他に「旧約聖書続編」と呼ばれる書物のまとまりがありますが、そこに含まれる書については教派によって扱い方が異

ペンテコステ
イエスの復活日後の五〇日目に聖霊が使徒たちに降ったことを記念する祝日。息を吹き入れられることによって生命が誕生した（創二・七）とする旧約聖書の伝統から、教会の誕生日とされる。「ペンテコステ」はギリシア語「五〇番目」（Pentēkostē）に由来し、過越から五〇日後に収穫の最初の実りを神に供える五旬祭を指す。

## 「新共同訳聖書」目次

**旧約聖書**

創世記（創）
出エジプト記（出）
レビ記（レビ）
民数記（民）
申命記（申）
ヨシュア記（ヨシュ）
士師記（士）
ルツ記（ルツ）
サムエル記上（サム上）
サムエル記下（サム下）
列王記上（王上）
列王記下（王下）
歴代誌上（代上）
歴代誌下（代下）
エズラ記（エズ）
ネヘミヤ記（ネヘ）
エステル記（エス）
ヨブ記（ヨブ）
詩編（詩）
箴言（箴）
コヘレトの言葉（コヘ）
雅歌（雅）
イザヤ書（イザ）
エレミヤ書（エレ）
哀歌（哀）
エゼキエル書（エゼ）
ダニエル書（ダニ）
ホセア書（ホセ）
ヨエル書（ヨエ）
アモス書（アモ）
オバデヤ書（オバ）
ヨナ書（ヨナ）
ミカ書（ミカ）
ナホム書（ナホ）
ハバクク書（ハバ）
ゼファニヤ書（ゼファ）
ハガイ書（ハガ）
ゼカリヤ書（ゼカ）
マラキ書（マラ）

**旧約聖書続編**

トビト記（トビ）
ユディト記（ユディ）
エステル記（ギリシア語）（エス・ギ）
マカバイ記一（Ⅰマカ）
マカバイ記二（Ⅱマカ）
知恵の書（知）
シラ書〔集会の書〕（シラ）
バルク書（バル）
エレミヤの手紙（エレ・手）
ダニエル書補遺
アザルヤの祈りと三人の若者の賛歌（アザ）
スザンナ（スザ）
ベルと竜（ベル）
エズラ記（ギリシア語）（エズ・ギ）
エズラ記（ラテン語）（エズ・ラ）
マナセの祈り（マナ）

**新約聖書**

マタイによる福音書（マタ）
マルコによる福音書（マコ）
ルカによる福音書（ルカ）
ヨハネによる福音書（ヨハ）
使徒言行録（使）
ローマの信徒への手紙（ロマ）
コリントの信徒への手紙一（Ⅰコリ）
コリントの信徒への手紙二（Ⅱコリ）
ガラテヤの信徒への手紙（ガラ）
エフェソの信徒への手紙（エフェ）
フィリピの信徒への手紙（フィリ）
コロサイの信徒への手紙（コロ）
テサロニケの信徒への手紙一（Ⅰテサ）
テサロニケの信徒への手紙二（Ⅱテサ）
テモテへの手紙一（Ⅰテモ）
テモテへの手紙二（Ⅱテモ）
テトスへの手紙（テト）
フィレモンへの手紙（フィレ）
ヘブライ人への手紙（ヘブ）
ヤコブの手紙（ヤコ）
ペトロの手紙一（Ⅰペト）
ペトロの手紙二（Ⅱペト）
ヨハネの手紙一（Ⅰヨハ）
ヨハネの手紙二（Ⅱヨハ）
ヨハネの手紙三（Ⅲヨハ）
ユダの手紙（ユダ）
ヨハネの黙示録（黙）

なります（後述）。ここでは今日、最も普及している邦訳聖書「聖書　新共同訳」での書名に従って、各書を略語つきで一覧表にしておきます。

旧約聖書と新約聖書それぞれのうちにも区分があります。三九書からなる旧約聖書は「律法」「預言者」「諸書」の三つに大きく分けられます。「律法」はヘブライ語では「トーラー」と呼ばれ、旧約の最初の五つの書を指すので、「五書」あるいは「モーセ五書」とも呼ばれます。旧約聖書の中では最も重視されている書のまとまりと言えます。「預言者」はヘブライ語で「ネビイーム」といいます。「預言書」ではなく「預言者」であることに注意しましょう。このまとまりはさらに、古代イスラエルの歴史を記した「前の預言者」と、いわゆる記述預言者たちの預言をまとめた書からなる「後の預言者」に分けられます。最後の「諸書」はヘブライ語では「ケトゥビーム」といい、典礼で用いられたと考えられる詩をまとめた「詩編」や、お伽話のような趣のある「エステル記」、恋人同士の掛け合いとも読める「雅歌」、ニヒリズムの哲学を綴る「コヘレトの言葉」など、さまざまな文学ジャンルの書がまとめられています。ユダヤ教では聖書をこの三区分「律法」「預言者」「諸書」のヘブライ語での頭文字（T・N・K）をとって、「タナハ」と呼びます。この三区分それぞれにどの書が属すのか、一覧表にしてみました（19頁）。書名の順序をよく見てみると、新共同訳の順序と異なっていることに気づくでしょう。この順序は「ヘブライ語聖書」の順に従ったものです。この書名の順序の違いについては、「聖書の配列」との関連で述べることにします（70頁）。

新約聖書も大きく三つ分けることができます。イエスの生涯と使徒たちの活動を伝える「福音書・行伝」、パウロらによる「書簡」、それに黙示文学に属す「ヨハネの黙示録」です。

## 聖書はいつ書かれたのか？

旧約聖書の多くは長い口伝の時代を経て成立しました。口伝の段階や文書化される過程の問題については長く議論が続いており、未だ決定的な結論には至っていませんが、最も古い部分は前一二世紀に遡るとも言われています。アブラハムなどの父祖たちの物語は非常に古い時代のことが物語られていますが、想定されている年代と、文書として成立した年代には大きな隔たりがあるとされています。

個々の書が書かれた年代については議論がありますが、先ほど挙げた三つの区分それぞれの成立についてはある程度、同意されています。まず「律法」はバビロン捕囚*から帰還後の紀元前五世紀中頃に成立していたとされます。祭司エズラが「モーセの律法」を朗読したとされる記述がその根拠です（ネへ八・一―四）。「預言者」は前二〇〇年頃にはまとめられていたと考えられています。これはギリシア語訳との関係から推測されています。そして、「諸書」に含まれる書に関する議論が後九〇年のヤムニア会議で決着し、ヘブライ語聖書の「正典」の構成が定まりました。

バビロン捕囚
前一〇世紀から続くイスラエルの王国が前六世紀前半にバビロニア帝国によって滅ぼされ、支配階級がバビロニア各地に連行された。これを「バビロン捕囚」という。バビロニアはペルシア帝国によって滅ぼされ、捕囚にあったイスラエルの民は故国への帰還を許された。

新約聖書は書簡を除くと、旧約聖書と同じように口伝を経て文書となりましたが、その文書化の過程は旧約聖書に比べると驚くほど短期間に進みました。聖書での順序や語られている内容の順序から、福音書が最初にでき上がったと考えられがちですが、最初に文書として成立したのはパウロ書簡です。パウロは六〇年頃にはローマで刑死したと考えられているので、当然それ以前に書簡は書かれていたことになりま

### 旧約聖書の三区分

**律法**（トーラー／モーセ五書）

創世記、出エジプト記、レビ記、民数記、申命記

**預言者**（ネビイーム）

〔前の預言者〕ヨシュア記、士師記、サムエル記（上下）、列王記（上下）

〔後の預言者〕イザヤ書、エレミヤ書、エゼキエル書、十二預言書（ホセア書、ヨエル書、アモス書、オバデヤ書、ヨナ書、ミカ書、ナホム書、ハバクク書、ゼファニヤ書、ハガイ書、ゼカリヤ書、マラキ書）

**諸書**（ケトゥビーム）

詩編、箴言、ヨブ記、雅歌、ルツ記、哀歌、コヘレトの書、エステル記、ダニエル書、エズラ記、ネヘミヤ記、歴代誌（上下）

す。五〇年代の中ごろにはすでに主要なパウロ書簡は書かれていました。その後、福音書が七〇年以前から九〇年代までに書かれ、一五〇年頃までにはその他の新約文書が成立しています（35、37頁参照）。

四つの福音書の中ではマルコによる福音書が最も古く、マタイによる福音書とルカによる福音書はマルコによる福音書をもとに、「Q資料*」と呼ばれる資料とそれぞれの独自資料を用いて書かれたとされています。年代については、マルコによる福音書が七〇年のエルサレム神殿の崩壊を知らないことから、遅くとも七〇年には書かれていたと考えられます。マタイによる福音書は、九〇年のヤムニアにおけるユダヤ教再出発までのキリスト教とユダヤ教の対立を背景としていると考えられることから、その成立は八〇年代とされています。ルカによる福音書とヨハネ福音書は、その後から使徒後教父*文書が生まれる二世紀にかからない時代ということで、九〇年代とされています。

**Q資料**
初代キリスト教時代のイエスの代表的な言葉資料。ドイツ語 Quelle（「源泉」「資料」の意）の頭文字を取って、このように呼ばれる。マタイとルカ福音書が共通に用いたとされる。

**使徒後教父**
49頁参照。

### 「聖書」という呼び方を考える

ところで、イエスは「聖書」を何と呼んだのでしょうか。そのころはまだ新約聖書はありませんでしたので、聖書といえば、いまわたしたちが手にしている「旧約聖書」（あるいはその一部）ということになります。それをイエスは「律法と預言者」と呼んでいます。この呼び方はイエスに限らず、当時のユダヤの人びとに一般的な呼称だったようです。

イエスは聖書について次のように語っています。「だから、人にしてもらいたいと思うことは何でも、あなたがたも人にしなさい。これこそ律法と預言者である」（マタ七・一二。傍点引用者、以下同）、「律法と預言者は、ヨハネの時までである。それ以来、神の国の福音が告げ知らされ、だれもが力ずくでそこに入ろうとしている」（ルカ一六・一六）、「イエスは言われた。『わたしについてモーセの律法と預言者の書と詩編に書いてある事柄は、必ずすべて実現する。これこそ、まだあなたがたと一緒にいたころ、言っておいたことである』」（ルカ二四・四四）。

また、使徒言行録には「律法と預言者の書が朗読された後、会堂長たちが人をよこして、『兄弟たち*、何か会衆のために励ましのお言葉があれば、話してください』と言わせた」とあり（一三・一五）、一世紀頃のユダヤ教の会堂礼拝の様子が伝わってきます。さらに、パウロは「ところが今や、律法とは関係なく、しかも律法と預言者によって立証されて、神の義が示されました」と語っています（ロマ三・二一）。

ここであらためて気づかされるのは、今日わたしたちが「聖書」と呼んでいる書は、はじめから「聖書」と呼ばれていたわけではないということです。先ほどの新約聖書からの引用に従えば、一世紀には「律法と預言者」と呼ばれていたことになります。それにユダヤ教徒はそもそも端的に「書かれたもの」と呼んでいたようです。

兄弟たち
ここではアンティオキアに宣教にやってきたパウロとバルナバのこと。

## 「聖書」の語源

「書かれたもの」はギリシア語で「グラファイ」といい、「グラフェー」の複数形です。これが英語では「スクリプチャー」(Scripture)と訳され、「聖書」を意味する語になりました。「英語で『聖書』はバイブル(Bible)じゃないの?」と思った人もいるかもしれません。こちらはギリシア語の「ビブリア」*が語源です(単数形は「ビブリオン」)。

「グラフェー」は「書」「書かれたもの」、「ビブリオン」は「記録」「巻物」を意味します。ユダヤ教の聖なる諸文書には、はじめ「ビブリア」(複数形)より「グラフェー」の複数形「グラファイ」が用いられていました。しかし、「グラファイ」がラテン語で「scripturae」に訳されると、次第にギリシア語の「ビブリア」の方も「Biblia」と字訳、音訳され、これがドイツ語やフランス語など欧語に訳されていきました。日本では英語経由で、わたしたちが目にするカタカナ表記の「バイブル」へとつながっていきます。

*「ビブリア」
聖書では「(律法の)諸書」(Iマカ一・五六)の意味で使われている(新共同訳では〔律法の〕「巻物」。他にはIマカ一二・九)。

## 「聖書」の呼び方からわかること

単数形か複数形か、何語に訳されたかに触れましたが、これには少々意図があります。はじめ複数形で「諸書」と呼ばれていたものが、ラテン語で「ビブリア」(複数形)と呼ばれるようになった頃に、統一的に集成された書と受け止められるようになりました。つまり、「聖書」は誕生したその初めから一体的な書物だったわけではなく、今日のように一冊の本と受け止められるようになったのは、聖書の成立史からいえば、かなり後のことなのです。

どんな言語で書かれ、また訳されたかということも見逃せません。新約聖書が生まれた現在の中東地域の紀元前の時代でいえば、言語の主流はギリシア語でした。そのためヘブライ語で書かれた旧約聖書はギリシア語に翻訳され（「七十人訳聖書」*）、新約聖書は初めからギリシア語で書かれました。その後、四世紀初めにキリスト教がローマ帝国に公認され、さらに国教となりますが、帝国の東半分、つまり東方正教会では教会用語、神学用語は現在にいたるまでギリシア語です。しかし、五世紀以降、中世期に入り、西方教会が次第に力をつけ、一〇世紀から一二世紀にローマ・カトリック教会が隆盛を極めます。このローマ・カトリック教会では現在に至るまで教会の公式言語はラテン語*です。その後、一六世紀に宗教改革が起こったのち、ドイツ語や英語などヨーロッパ諸国の自国語に聖書が訳されていきます。このように「聖書が何語で何と呼ばれたか」を見ることで、聖書の成立史を簡潔にふりかえることができるのです。

**七十人訳聖書**
58頁参照。

**ラテン語**
四世紀には聖書がラテン語に翻訳されている。58頁参照。

## 聖書は何語で書かれたか

イエスと当時のイスラエルの人びとはアラム語で会話をしていました（最近では新

約時代のイスラエルではやはりヘブライ語が使われていたという説も出てきているようです）。なぜ福音書はアラム語で著されなかったのでしょうか。

アラム語は古代のアラム人が使っていた言語で、アッシリアやバビロニアといった帝国の台頭により現在の中東全域に普及し、当時の国際語となっていきました。前六世紀にバビロン捕囚によってユダヤの地からバビロニアに連れていかれた人びとがそこで話されていたアラム語とその文字を学んだため、アラム文字がヘブライ語の文字として使用されるようになりました。言語的にも両者には近いものがあるようです。

では、なぜ新約聖書は日常的に使われていたアラム語やヘブライ語ではなく、ギリシア語で書かれたのでしょうか。それを理解するには、話し言葉と書き言葉を分けて考える必要があります。日本でも文語を使っていた時代は、日常の話し言葉と書き言葉は同じではありませんでした。「一九五九年祈祷書」（文語訳）の言葉でたとえれば、他人がしたことに対して「それは正しいね」とか「そうすべきだね」と言うとき、その時代の人びとでさえ「そは正当にしてなすべきことなり」（一四五頁）とは言いませんでした。イエスの時代において、話し言葉と書き言葉は日本語の口語と文語以上に開きがありました。両者は別の言語だったのです。つまり、会話はアラム語（もしくはヘブライ語）、文書はギリシア語でした。

こうした状況を生み出した直接の原因はマケドニアの王アレクサンドロスの東征です。これによりパレスチナを含む中東全域はギリシア化され、ギリシア語が正式な文書言語となりました。このギリシア語は「コイネー・ギリシア語」と呼ばれます。この言葉に何か特別な意味を見出そうとする人もいるようですが、「コイネー」という語は端的に「共通の（ことば）」を意味します。コイネー・ギリシア語は当時の国際的な共通語であり、公式文書に使用される言語だったのです。したがって、当時の新約世界で文書による言語活動をするとき、ギリシア語を使うのはむしろ当然のことでした。

## 誰が聖書を書いたのか

誰が聖書を書いたのでしょうか。一言で言えば、ひとりの個人が書き下ろしたものというより、伝承の誕生と伝播、発展を含め、集団的・共同体的に生み出されたものと言えます。さらに、歴史学的・文献学的に言えば、各書の著者について、確実に特定することはほとんどできないのが実情です。なぜなら、たいていの場合、聖書以外に証拠となる一次資料が存在していないからです。これらのことを基本認識としながら、もう少し詳しく見ていきたいと思います。

## 旧約聖書は誰が書いたのか

旧約聖書の各書を誰が書いたかについて、その最も簡潔な答えは「異なる時代のさまざまな人びと」です。例えば、「モーセ五書」（創世記―申命記）は伝統的にモーセが書いたとされてきましたが、現代の歴史学や文献学、さらには考古学からいっても、それを証明することはできません。

ただし、そこまでの知見を用いなくても明らかにわかるところもあります。申命記がそれです。申命記の「申」には「申《かさ》ねる」という意味がありますが、その内容はモーセを通してイスラエルの民が受けた神の命令と約束を、もう一度モーセが民に言い聞かせるというものです。しかし、申命記の最終章（三四章）にモーセの死が書かれているので、モーセが著者ではないことはそこから容易にわかります。

また、「異なる時代のさまざまな人びと」といっても、すべての書にそれぞれ誰かひとりの著者がいるというわけではありません。ひとつの書が「異なる時代のさまざまな人びと」によって書かれているのがむしろ普通です。有名なところでは、創世記冒頭に二つの創造物語が書かれていることが挙げられます（創一・一―二・三および二・四―二五）。その二つは同じ創造物語という主題でありながら、異なるひと、異なる神学によって書かれています。

さらに、預言書はそれぞれの預言者の名が冠されていますが、イザヤ書は三つの異なる時代に別の人物によって書かれたとされるのが聖書学の通説です。一―三九章は前八世紀後半のアッシリア帝国による北イスラエル滅亡（前七二二年）前後までに書かれ、その著者は通常「第一イザヤ」と呼ばれます。また、ペルシア時代には前六世紀前半から後半にかけて、「第二イザヤ」（四〇―五〇章）、「第三イザヤ」（五六―六六章）

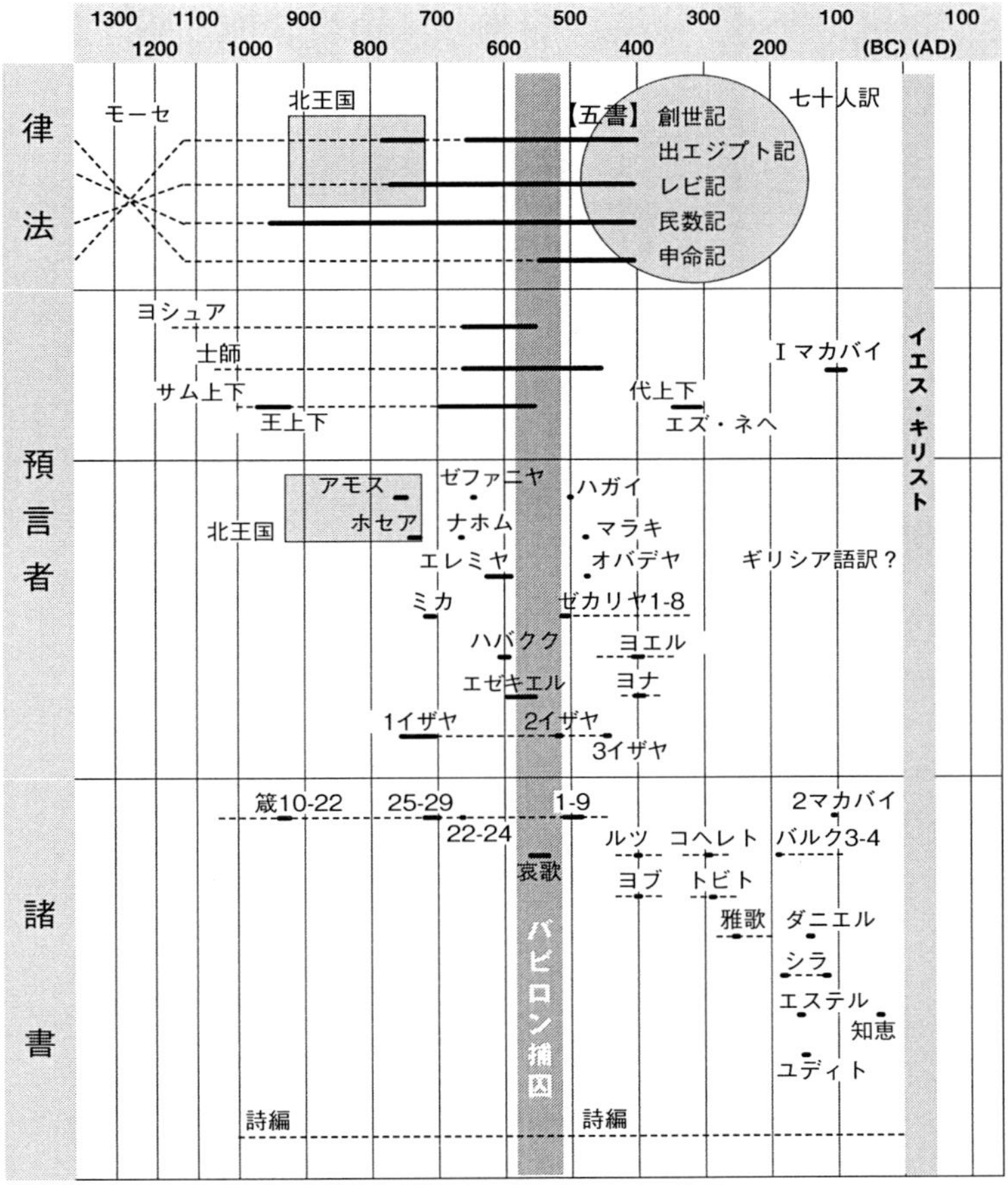


**旧約聖書の執筆年代**

E. シャルパンティエ『新約聖書の世界への旅』（井上浩子訳、サンパウロ、1997 年）をもとに作成。

がそれぞれ書かれたとされています。

また、預言書には単独の著者と思われるものがあり、例えばアモス書冒頭には預言者アモスが「テコアという地の牧者の一人」と書かれていますが、それ以上のことはわかっていません。

## 新約聖書は誰が書いたのか

新約聖書各書の著者についても「異なる時代のさまざまな人びと」がある程度あてはまります。しかし、旧約聖書よりもかなり短い期間（紀元後五〇年頃から一五〇年までの一〇〇年ほど）に書かれました。しかも時代的に新しいこともあって、旧約聖書よりは著者の特定性が高いと言えるかもしれません。

パウロの書簡については、真筆と認められている七書の著者は当然パウロです。パウロの思想や人となりについては、使徒言行録などからある程度わかっていますが、その最期はローマでの殉教だったというよく知られた話は聖書にはない伝説で、実際のことはよくわかっていません。通説によれば、テサロニケの信徒への手紙二はパウロの思想の流れを汲む別人によって書かれたとされていますが、その人の人物像は一切わかりません。その他の書簡類にも同様のことが言えます。

福音書の場合、それぞれに著者名が冠されています。伝統的にはマルコ福音書の著者は使徒言行録一二章一二節、二五節、一五章三七節に出てくる「マルコと呼ばれるヨハネ」、マタイ福音書は九章九節、一〇章三節の「徴税人マタイ」と信じられてきました。ルカについては、医者だったと聞いたことがある人も多いのではないでしょうか。その根拠はムラトリ正典目録*の「パウロの同伴者、医師ルカ」という記述です。ヨハネ福音書は一八章一五節、二〇章三節の「もう一人の弟子」や、一九章二六節他の「愛する弟子」と同定されてきました。

しかし、現代ではこのいずれもが否定されています。福音書の著者については名前以外のことは、はっきりとわからないというのが結論です。肝心なのはそれぞれの著者（名）の背後に特定の教会共同体とその営みがあったということです。例えば、あくまでも便宜的にですが、マタイなら「マタイの教会」というように「――の教会」と呼ぶことができます。そして、マタイという人物個人についてはほぼ全くわからなくとも、マタイに指導されていた、あるいは、マタイに代表される教会という姿は、それなりに伝わってきます。同様に、マタイはもちろんのこと、マルコの神学とかルカの神学、ヨハネの神学というときも、その背後には特定の教会が置かれた固有の状況があったことを思い起こす必要があります。

こうしてみると、現代の相当に発達した文献学や考古学によっても著者自身についてほとんどわかってないことに驚かされます。しかし逆にいえば、現代人は作品そのものより、著者が誰なのかに注目しすぎなのかもしれません。古代人はどちらかといえば、著者よりも内容そのものが大切でした。著者自身についての情報が豊富にあっ

*ムラトリ正典目録　51頁参照。

たなら、かえって内容の理解の妨げになっていたかもしれません。

同様に、イエスという人物の人となりや活動は福音書を通して、かなりはっきりと知ることができますが、その形姿についてははっきりとはわかりません。信者にとって「イエスって、どんな顔かたちだったのだろう」というのは大きな関心の的ではありましょう。しかし、現代的な意味での画像のようなものがあったら、どうでしょうか。なかには「思っていた通りだ！」というひともいるかもしれませんが、「思っていたのと全然違う」とがっかりしてしまうかもしれません。イエスのイメージが視覚的に限定されてしまったら、ここまで世界中の人びとの救いになったかどうかわからないとすら言えるのではないでしょうか。イエスの形姿がどのようなものであったのかは「終わりのとき」の楽しみといたしましょう。

いずれにせよ、古代人の大らかさに学んで、はっきりとわからないことの「豊かさ」を大切にしたいと思います。そして、やはりここで強調しておきたいことは、個々人というよりも特定の信仰共同体の歩み、つまり現場の営みにおいて聖書が誕生し、読まれ、時代を通じて多くの人びとに慰めと励ましを与えてきた、ということです。

## 聖書は神が書いたのではない？

聖書の著者が誰であるのかについて語ってきましたが、「聖書を書いたのは神ではないのか」という疑問を持たれた方もあるのではないでしょうか。その点について聖書は「聖書はすべて神の霊の導きの下に書かれ、人を教え、戒め、誤りを正し、義に導く訓練をするうえに有益です」と語っています（Ⅱテモ三・一六）。

ここまでに見てきましたように、この文が書かれた時点においては、新約聖書はひとまとまりの書としては存在していませんでしたので、ここで言う「聖書」とは旧約聖書のことです。とはいえ、後には新約聖書を含む聖書全体と理解されるようになりました。

また、先ほどの「神の霊の導きの下に」は、かつての口語訳聖書では、「神の霊感を受けて」と訳されています。この訳からもわかるように、聖書は神の霊感を受けて書かれ、それゆえ「神の言《ことば》」*そのものであると理解されてきました。そこから、聖書記者は——ひとつのイメージですが——神によって、いわば「あやつり人形」のように手を動かされて聖書を記述したかのような理解が生じます。これが「逐語霊感説」*と呼ばれるものです。

確かに、聖書の霊感はキリスト教の世界で一般に信じられてきました。しかし、これについて教会が定義を下したことはありませんし、そもそも聖書のすべての部分を「神の言」とする記述は聖書にはありません。また、伝統的な教会会議においては神の啓示を指し示し、救いを明らかにする書として聖書を「神の言」としましたが、聖書が「神の言」であるというとき、それが何を意味するかについて定義したことはな

「神の言」
日本語表記では、人間の言葉つまり「ことのは（言の葉）」と区別して、神の言葉を「ことば」として、「言」という一文字で表記する場合がある。

逐語霊感説
聖書は原文の一語一語を忠実に（逐語的に）神の霊感を受けて書かれたものであり、一字一句誤りはないとする説。福音派など、保守的な教会における聖書解釈の原理となっている。「聖書逐語霊感説」とも。

いのです。「三十九箇条*」も聖書は「神の啓示の書」「人間の救いに必要なことをことごとく載せている」としていますが、それは聖書の言葉が逐語的に救いに必要であるとか、その一言一句が神の言であるという意味ではありません。*

**聖書を記させた神**

では、神と聖書記者の関係をどのように考えたらいいのでしょうか。聖公会の立場は祈祷書の「諸祈祷」の「44 聖書を読む前の祈り」によくあらわれています。

わたしたちを教えるために聖書を記させられた主よ、どうかこれを聞き、これを読み、心を込めて学び、深く味わって魂の養いとさせてください。

（『一九九〇年祈祷書』一三四頁。傍点引用者）

もう一五年以上も前のことです。わたしがウイリアムス神学館で教え始めた頃、学内で毎週おこなわれる聖書研究会の最初に司会の神学生が毎回この祈祷文を用いてお祈りしていました。ところが、この祈りの「記させられた」の部分を「記された」と唱える学生が続出したため、毎回のように後で指摘していたことを憶えています。

文字にすれば「せら」というわずか二文字に過ぎません。しかし、この二文字が抜けると、「いつの間に聖公会は逐語霊感説になったのカナ……?」と思ってしまうの

*三十九箇条 43頁参照。

*塚田理『イングランドの宗教——アングリカニズムの歴史とその特質』教文館、二〇〇四年、一四二、二一九頁（以下、塚田『イングランドの宗教』）。

です。もちろん、こうした読み違えは日本語の難しさから言えば無理もないのかもしれません。

この祈祷は一六世紀の英国宗教改革の時代、クランマー大主教によって「第一祈祷書」の降臨節第二主日の特祷*として入れられました。ある註解によれば、この祈祷は「聖書が、教理のためや礼拝のなかだけでなく、日々の生活のなかでふさわしい権威や位置づけをもっている、という英国宗教改革の改革者たちの考えを反映している」と言われています。直訳すれば「全聖書が記されるようにした幸いなる主よ」で、意味上はやはり、主が「記させた」なのです（原文は*"Blessed Lord, who hast caused all holy Scriptures to be written"）。

言うまでもなく、聖書には「神ご自身がご自分の手で聖書を筆記した」とは書かれていません。神は聖書記者が聖書を記すことを「引き起こし」、「もたらし」、その「原因」となったのです。もちろん、それは「神の霊によって」と言えるわけですが、聖書記者たちは聖霊を受けた信仰共同体の一員として霊感を受け、その導きに従って聖書を書いたのです。先ほどの「聖書を読む前の祈り」の「神が聖書を記させられた」という表現は、聖公会の神学として宗教改革者の精神をいまも受け継ぐ好例の一つと言えるのではないでしょうか。

特祷
聖餐式の導入として行われる「神への呼びかけ」「神の救いのわざへの賛美」「神への嘆願」「むすびの祈り」からなる短い祈り（集会祈願）で、その日の礼拝のテーマを示すものとなっている。現代の聖公会では聖書朗読の前に捧げられる。

The Prayer Book Society, http://www.pbs.org.uk/pbs/ 参照。

## 聖書各書の名称の意味

古代の人びとは「誰が書いたのか」よりも「内容」のほうに関心があったという話をしました。これまで見てきたように、聖書各書のほとんどは特定の個人が書き下ろしたものではありません。現代では書き上げられた作品を出版しようというとき、その著者が——編集者と相談して——本のタイトルをつけることになります。しかし、古代においては必ずしも著者が個人ではない上に、内容や本文が「先にありき」でした。名称はいつのまにかそう呼び慣わされるようになったという形で定着していったのです。そして、その名称は基本的には、端的にその書が特定できる、あるいはその書の内容をあらわす名称となっています。「○○書」とその名称を言われれば、すぐに「ああ、あれね」とわかる——そんなイメージです。

こうした名称は地名や通り名に多いのではないでしょうか。何年か前に福岡市天神の繁華街にある飲食店街が一五年前にやめた「親不孝通り」という呼び名を復活させようと検討を重ねているというニュースがありました。昭和四〇年代にはその周辺に予備校が二校あり、浪人生のたまり場となっていたため、いつの頃からか「親不孝通り」と呼ばれるようになっていたのだそうです。それが「非行を助長する」ということで「親不孝」という名称がなくなったのでした。しかし、その飲食店街の若者離れが深刻となったため、この名称を復活させて再び若者を呼び込もうということになったそうです。

## 新約聖書の各書の呼称と、分け方の一例

**福音書・行伝**

マタイ、マルコ、ルカ、ヨハネ　　使徒言行録

**書　簡**

〔パウロ書簡〕パウロが各地の教会の信徒に宛てて書いた
ローマの信徒への手紙、コリントの信徒への手紙（Ⅰ・Ⅱ）、ガラテヤの信徒への手紙、フィリピの信徒への手紙、テサロニケの信徒への手紙（Ⅰ）、フィレモンへの手紙

〔第二パウロ書簡〕パウロの名前を冠した偽名書簡
エフェソの信徒への手紙、コロサイの信徒への手紙、テサロニケの信徒への手紙（Ⅱ）

〔牧会書簡〕パウロから親しい同労者へ宛てる形をとって、「牧会者」たるものがなすべき務めについて記した
テモテへの手紙（Ⅰ・Ⅱ）、テトスへの手紙

〔獄中書簡〕パウロが獄中から書いたとされる手紙
エフェソの信徒への手紙、フィリピの信徒への手紙、コロサイの信徒への手紙、フィレモンへの手紙

〔公同書簡〕教会全体に宛てて、パウロ以外の中心的な指導者により偽名で書かれた手紙
ヤコブの手紙、ペトロの手紙（Ⅰ・Ⅱ）ヨハネの手紙（Ⅰ・Ⅱ・Ⅲ）

**黙　示　録**

歴史と宇宙万物の奥義に関する解き明かしの書
ヨハネの黙示録

いつ、誰がそう呼び始めたのか、はっきりわからないけれど、いつの頃からかそのように呼ばれるようになったというものが地名や通り名には多いのではないでしょうか。聖書各書の名称もそれに似ていると思います。聖書各書の名称は端的に言って「名は体を表す」ものばかりです。これは後で述べる聖書各書の「配列」と密接に関係しています。

## なぜ福音書は四つなのか？

実は、今日の聖書に収められている四書の福音書以外にも福音書があります。一世紀以降、「ペトロ福音書」や「トマス福音書」など、福音書と称される書が多く存在していました。そうした中から今日の四福音書に絞り込まれていったというのが実情です。絞り込みの基準は「使徒的であるか」「普遍的*であるか」に加え、内容が問題となりました。基本的にはグノーシス的であるか否かが大きな問題であったでしょう。

なぜ「四つなのか」、つまり数が「四」である理由については、はっきりしたことはわかりません。エイレナイオス*は当時の世界観、また、福音書を聖書の四つの動物に結びつけることによって、福音書の数は四つでなくてはならないと主張しました。エイレナイオスの世界観の背景には、古代ギリシア哲学の知見があるのかもしれません。例えば、エンペドクレスという哲学者は「万物は土・水・火・風の四元素からな

「普遍的」
「公同的」「カトリック的」とも。様々な時代と民族の文化の中にあっても変わることのない唯一の真理を有していることを意味する形容詞「カトリック（ギリシア語katholikē）」が東西教会分裂にともない、ローマを中心とする西方教会の名称として用いられるようになった。

エイレナイオス
一三〇頃―二〇〇頃。ルグドゥヌム（現・仏リヨン）司教（一七八頃―）。グノーシス主義の正体を暴露し、正統信仰を護ることを生涯の課題とし、『異端反駁』を著す。

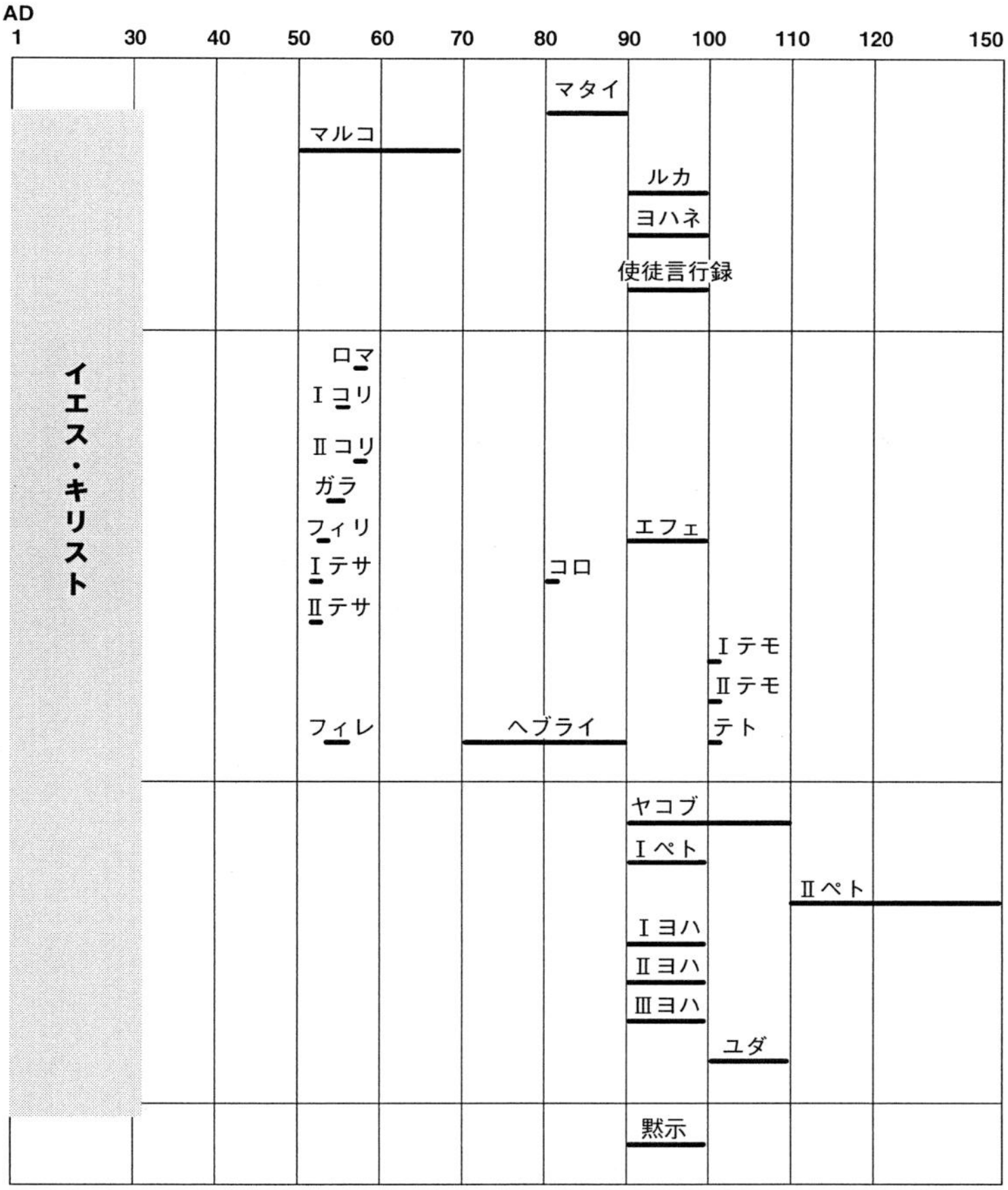


**新約聖書の執筆年代**

E. シャルパンティエ『新約聖書の世界への旅』（井上浩子訳、サンパウロ、1997年）をもとに作成。

る」と主張しています。古代中国には「五行説」というのがありますが、それによれば自然界は木、火、土、金、水の五つの要素で成り立っているとされます。キリスト教がもし古代中国で生まれていたら福音書も五つだったかもしれません。

福音書が四つであることを単に偶発的な出来事として片づけたいわけではありません。むしろ、キリスト教は個人の頭のなかにあった思想が表明されたものでも、時代や国、地域や文化の真空地帯に誕生したものでもないということを確認しておきたいのです。聖書の神、そしてキリストは特定の歴史状況の中で働かれました。キリスト教会もまた特定の地域ないし国という具体的な状況の中で生まれました。こうした具体性を通して、その普遍性が明らかとなるのです。

**伝承と編集**

さて、新約聖書に収められている書のうち、最も古いのはどれでしょうか。新約聖書を開くと、マタイによる福音書をはじめ四つの福音書から始まっており、そこにはイエスの姿や生涯が書かれているので、福音書が最も古いと考えがちです。しかし、最初に書かれたマルコによる福音書が成立したとされる七〇年頃から遡ること二〇年ほど前に、すでにパウロの手紙がいくつかの教会で行き来し、礼拝で読まれるようになっていました。コロサイの信徒への手紙には「この手紙があなたがたのところで読まれたら、ラオディキア*の教会でも読まれるように、取り計らってください。また、

ラオディキア
フリギア南西部、コロサイから約一五キロの距離にあったギリシア都市。古くからユダヤ人住民が存在し、パウロの同僚によって教会が設立された（コロ四・一三）。

ラオディキアから回って来る手紙を、あなたがたも読んでください」（四・一六）とあります。

パウロの手紙のうちで最も古いのは「テサロニケの信徒への手紙一」とされ、これが新約聖書の中で最も古い書ということになります。しかし、確かに一つの書としては最古なのですが、各書を細かく見ていくと、最も古い層に属すのはコリントの信徒への手紙一の一五章三―八節とされています。その箇所の冒頭には「最も大切なこととしてわたしがあなたがたに伝えたのは、わたしも受けたものです」と書かれています。

すなわち、キリストが、聖書に書いてあるとおりわたしたちの罪のために死んだこと、葬られたこと、また、聖書に書いてあるとおり三日目に復活したこと、ケファに現れ、その後十二人に現れたことです。次いで、五百人以上もの兄弟たちに同時に現れました。そのうちの何人かは既に眠りについたにしろ、大部分は今なお生き残っています。次いで、ヤコブに現れ、その後すべての使徒に現れ、そして最後に、月足らずで生まれたようなわたしにも現れました。

ここに聖書という文書がどのように成立したのかがよくあらわれています。つまり、パウロが伝えたかった福音の使信は、パウロのオリジナルの考えというのではなく、彼に先立ってすでに存在していて、パウロ自身もそれを誰かから伝えられたのでした。そうした短く要約された「福音の使信」のことを聖書学では「ケリュグマ*」と呼びます。こうしたケリュグマなどを含んだ比較的短い文章のまとまりが「伝承」です。伝承には、もともと口頭で伝えられた口伝の伝承もあれば、文書化されていたものもありました。イエスの死後それほど長い時を経ずして、かなりの数の伝承がさまざまな地域で流布し、最初期のクリスチャンはそれを礼拝のなかで朗読し、聴いていたのでした（使一三・二六参照）。

聖書は今日における書籍や小説のように、一人の著者が書き下ろしたものというより、さまざまな伝承が集められ、ある方針のもとに配置され、編集されたものということができます。福音書にはとくにそうした性格が顕著と言えます。ですから、福音記者は現代でいう記者というよりも編集者に近いかもしれません。それに比べると、パウロの手紙は自身が自分の言葉で福音を語ったり説明している箇所が多いと言えます。パウロは旧約聖書の律法について厳しい教育を受けたひとですので（使二二・三以下、ガラ一・一四）、旧約聖書が身についており、その言葉遣いや思考の枠組みは旧約聖書の強い影響を受けています。その上、パウロも自身で受けとった伝承をさまざまに用いて手紙を書いています。このように考えると、新約聖書も旧約聖書も、さまざまな伝承が集められ、それをそれぞれの編集者が編集の方針（つまり神学）に基づいて配列した書物ということができるのです。

ケリュグマ
kērygma ギリシア語で「宣教」の意。

## ◈近代聖書学の研究方法◈

伝承は今日の形でまとめられるまでに、さまざまな場所や機会で用いられて、ある部分が脱落したり、付加されたりします。また、編集者が伝承を配列していくときには、文章がスムーズに流れていくように集めた伝承の前後にさまざまな言葉を付け加えました。これを「編集句」と言います。したがって、そうした編集以前のオリジナルの伝承はどのようなものだったのかという問いが生じます。ひとつの伝承を取り上げ、分析し、後代に付加されたものを除去していけば、伝承の原初的形態を復元できると考えられてきました。これが「伝承史」と呼ばれる研究方法です。このように聖書が伝承の集成として研究され、それが発表されるようになったのは二〇世紀に入ってからです。

伝承史による研究から派生して「様式史」という方法が生まれます。伝承はさまざまな教会に流布していただけでなく、初代教会*の生活の中、さまざまなニーズに応じて生まれていきました。洗礼式や聖餐式の式文、訓戒や職責を区別するというようなニーズです。どんな場面に、どのような目的で、その伝承が生まれ、形成されたかを調べていくことによって、その伝承が初代教会の生活の中の何に根ざしていたかが明らかとなります。このような伝承が生まれる源泉のことを「生活の座」*といい、それを探求する中で、初代教会の生活、礼拝の諸相が明らかになっていきました。

初代教会
イエスの信奉者たちの復活信仰と聖霊降臨の体験による教会の成立に始まり、その後、使徒たちが死去していき、さらに彼らに直接つながっているとの意識が失われていく時期（一世紀末）までの時代を総括して呼ぶ。「原始キリスト教会」とも。

「生活の座」
ドイツ語 Sitz im Leben.

この「生活の座」という概念を教会だけでなく、教会を取り巻く社会にまで広げて考察したのが「文学社会学」と呼ばれる社会学的研究でした。日本では荒井献氏の『イエスとその時代』（岩波書店、一九七四年）がその嚆矢《こうし》といえます。

さて、様式史方法によって、各伝承についての知識は大幅に増えましたが、次に研究者の関心は、伝承と伝承をつなぐ編集上の付加や、編集者による伝承の改変などに向けられました。編集者、聖書記者の神学に光をあてるこの方法は「編集史」と呼ばれます。様式史においても編集者が施した編集上の付加などについて言及がなかったわけではありませんが、それらはかなり限定的で二次的なものでした。編集史的方法では、聖書記者の神学を明らかにすることがメイン・テーマとなったのです。「マルコの神学」「マタイの神学」などというように、それぞれの福音書記者の神学や、彼らがどのように神を理解していたのかを従来より詳細かつ鮮明に描くことができるようになったのは、この編集史によるところが大きいのです。日本における編集史的研究では、マルコ福音書の神学に光をあてた田川建三氏の『原始キリスト教史の一断面——福音書文学の成立』（勁草書房、一九六八年）が知られており、行間のそこかしこから当時の最新の研究方法への興奮のようなものが伝わってきます。また、聖公会の聖書学者で、惜しまれつつ早逝したE・ホスキンスの『新約聖書の謎』*という本は編集史が知られるようになる前から編集史に近いような方法を採っており、今でもとても勉強になります。

＊ E・ホスキンス／N・デイヴィ『新約聖書の謎』菅円吉訳、日本基督教団出版部、一九六四年。

独仏の聖書学者とはまた一味違ったアングリカン（聖公会）の学者らしい新約学を日本語で読める数少ない書籍です。

## 2　正典としての聖書

聖書はキリスト教会の「正典」ですが、どの書を正典に含めるかということがはっきりと決まったのはかなり後のことです。旧約聖書はユダヤ教ではすでに一世紀に正典に関する議論が決着していたとされていますが、キリスト教では五世紀になってもまだその範囲が確定されていませんでした。新約聖書が現行の二七書とされたのは三六七年のアタナシオスによる「第三九復活祭書簡」においてと考えられています。

五世紀にはウルガタ訳*が生まれ、西方教会全体で二七書が受容されていきますが、東方教会では七世紀末頃まで決着しませんでした。旧約三九書、新約二七書が正典として確定するのは、ローマ・カトリック教会では一五四六年のトリエント公会議、英国教会では一五六一年の「三十九箇条*」においてです。

このようにキリスト教会における「正典の確定」までの過程が長期にわたったのには二つの要因があると考えられます。ひとつは七十人訳の存在、もうひとつは異端を

ウルガタ訳　61頁参照。

三十九箇条　英国教会の教理的な立場を明らかにするため一五六三年に制定された「宗教条項」(*The Articles of religon*)。「三十九箇条」は通称。

めぐる問題です。

### 「正典」という語について

「正典」という語については一言ふれておく必要があります。日本語には同じ読みの「聖典」という語があり、いずれにも共通している「典」の字には「ずっしりとした、貴重で基本となる書物」という意味があります。「聖典」には「その宗教の教義・戒律などを記した書」という意味もありますが、それに加え、「神聖で不可侵」というニュアンスがあるのではないでしょうか。

「正典」は原語を辿っていくと、ギリシア語の「カノーン」（英語canon）、セム語では「葦」「測棹」を意味する語にまで遡ることができます。その語は「真っ直ぐな棒」「境界線」「表」「物差し」「規範」「原則」を意味します。新約聖書では「原理」（ガラ六・一六）、「割り当てられた範囲」（Ⅱコリ一〇・一三、一五）などの意味でも使用されています。

四世紀以来、古代教会*で「カノーン」といえば「教会で認められた信仰の規範」という意味でした。「信仰・教義・生活に対して規範を与える書」という意味もあります。祈祷書の「教会問答6」には「問　教会の信仰は何に基づいていますか／答　神のみ言葉とみ業に基づいています。それは聖書に示されています」（二五九頁）とあり、「正典」のこの意味がよくあらわれています。その他、「正典」には「教団・教会に

古代教会
古代におけるキリスト教の伝播領域が、ローマ帝国の版図である地中海世界とその周辺にほぼ限定されていたことから、一世紀から五世紀の教会を「古代教会」と位置付ける歴史的な見方がある。

よって公に認められた（書）」という意味もあります。

## 「聖書」の成立をめぐって

キリスト教会において聖書が正典として確定されるまでの過程は「いったいどの書が自分たちの信仰の基礎となり、どの書がそうでないか」という問いを巡るものでした。二世紀から三世紀にかけて、教会はローマ帝国からは迫害され、内には異端*を抱え、内憂外患の状況にありました。それは信仰の根幹が激しく揺さぶられることであり、今日では正典とされていない文書を含めて、多くの「新約文書」の中から、どれを自分たちの信仰の基準とするかは切実な問題でした。そうした文書の中には最終的には「正典」とはされず、「外典*」となったものもあります。逆に、今では当然のように正典に収まっている「ヨハネの黙示録」などは評価の分かれていた時代が長く続き、正典になったり、外されたりするという曲折を経て、最終的に正典に収められました。

正典と認められた書にはある種の権威が付与され、その後、信仰の書として重視されていくことになりますが、正典とされなかった書のすべてが内容的に異端の書であったわけではありません。「正典」とする基準が徐々に同意されていき、その過程において、除外されていきました。つまり、正典とされなかった「新約文書」の中には、異端視された書と、信仰的には正統的でも「正典とする基準」に満たなかった書

異端
ギリシア語 hairesis（「選択／分派」の意）から派生し、「正統」の対となる概念として二世紀後半に現れ、教義上の分離を意味した。

外典
Apocrypha（アポクリファ）「隠されたもの」の意。新約関連の場合はグノーシス主義をはじめとする「異端的」なグループによって生み出された文書を指す。「隠された」独自の教説とその伝承を所有していると主張して、正典文書に対抗した。旧約関連の場合は「旧約続編」として、正典の一部、あるいは正典に準ずるとされる場合もある。58―59頁参照。

があるということになります。こうしてみると、「正典化」の過程とは「聖書」を確定していく過程と言うこともできるわけです。

## 正典化のはじまり――マルキオン聖書

二世紀はイエスに関する伝承が各地の教会で読まれ、また聴かれ、その過程で新たな伝承が教会の「生活の座」から生まれ、それらが編集されてひとつの書となっていく時代でした。そのようにして、いくつもの書が生まれました。どの書を自分たちの信仰の基準とすべきかについてもさまざまな意見があったはずです。

その中で、「自分の聖書」を定め、それが支持されたマルキオンという人物が登場します。彼の聖書は旧約聖書を含みません。そして、福音書はルカ福音書だけ、書簡もパウロの一〇通の手紙のみとしました（この聖書の実物は残っておらず、どのような本文であったのかはわかっていません）。マルキオンは八五年頃に生まれ、黒海沿岸ポントス州シノペの富裕な船主で、学識豊かなひとでした。しかし、その思想が異端とされ、同地の主教であった父から追放されてしまいます。一三九年頃、ローマで自説を主張するものの教会には受け容れられず、独自の教会をローマで設立します。その教会は北アフリカ、エジプト、小アジアにも多くの共鳴者を得て、迅速に当時の世界各地に広がり、正統的な教会にとって大きな脅威となったために「異端」として排除されました。

マルキオンはなぜ、今日の聖書からすると、かなり限定的な聖書をつくったのでしょうか。彼にとって神とは「愛の神」であり、それが「キリストの神」でした。その愛の神が悪のはびこる悲惨な現実世界を創造したとは考えられないので、この世界を作ったとされる旧約聖書の創造神は悪の神「デミウルゴス」*であると考えました。それゆえにマルキオンは旧約聖書を捨て去るわけです。

彼は善なる愛の神と悪の神をはっきり分けました。ルカ福音書とパウロ書簡が特に選ばれたのは、「放蕩息子のたとえ」に代表されるようにルカ福音書が神の愛に大きなアクセントを置いており、パウロがキリストの福音を愛というひとことでまとめて異邦世界へと広めたからでした。マルキオンは「愛の神」を一面的に信じ、こうした取捨選択をしました。

しかし、この世界が悪の神に創造されたとするマルキオンの善悪二元論は当時の教会とは激しく対立しました。マルキオンの立場は「キリストの神」である「愛の神」、真の神には「知識（グノーシス）」を通してアクセスできるとするグノーシス思想であり、教会から異端と見なされ、「マルキオン聖書」は異端の書とされ、後世に残されることはありませんでした。一説によれば、ローマでは非常に普及していたと言われています。

「異端」という言葉に顔をしかめたくなるかもしれません。しかし、異端とは〝言いすぎた人びと〟なのではないかと思うことがあります。その背後には旺盛なサービ

デミウルゴス
dēmiourgos　プラトンの後期対話編『テイマイオス』においては、可視的宇宙を創造し、万物をそれぞれあるべき場所に置く神の意味で用いられ、グノーシス神話では、自分を超える神はいないと思い上がる無知蒙昧な支配者とされている。

ス精神があるのではないかと思うのです。当時、不条理にみちた世界のただ中で、この世界や自分の人生に大きな疑問を持つ人が数多く存在していました。なぜ世界はこんなにも悲惨なのか、なぜ自分はこんな苦難に見舞われなければならないのか……。その問いに、ある意味で真摯に向き合い、救済という願いに熱意をもって答えようとしたのが異端者だったのではないかと思うのです。そして、マルキオンは合理的で明確な解答を自ら持っていた。それは〝言いすぎ〟だったわけですが、実際には、かなり広く支持者を得たのでした。

マルキオンは独自に作成した聖書を「正規の文書」(ラテン語で instrumentum) と名づけました。二世紀半ばのことです(彼は一六〇年に没しています)。マルキオンの運動は旧約聖書をはじめとして、教会で親しまれていた書の多くを放逐したということで、すでに正統的教会の中で起こりつつあった後の新約聖書につながる正典制定の機運に拍車をかけたと言われます。しかし、何かを棄てるということは何かを選びとるということでもあります。マルキオンの聖書が正統的教会における正典制定の動きに刺激を与えたというよりも、マルキオンの聖書が最初の正典だったのだと考える聖書学者もいます。わたし自身も正典制定の先駆者はマルキオンなのではないかと考えています。

## 使徒教父の著作

二世紀半ばと考えられる正典化の発端以後の事情は「使徒教父*」(Apostolic Fathers)と呼ばれる人びとの著作の中に見ることができます。

まずはリヨンの司教エイレナイオス。彼は一八五年に『異端反駁論』を著しています。彼によれば、世界には四つの「地域」、四つの「風」、四つの「契約」(ノアの契約、アブラハムの契約、モーセ律法、キリストによる福音)があり、教会には四つの柱として四福音書があるといいます。そして、四福音書はエゼキエル書一章一〇節、ヨハネの黙示録四章七節の「四つの動物」と結び付けられています。四福音書をそれぞれ四つの動物に結びつける伝統は、さまざまなキリスト教文書に散見され、教会建築の意匠にもよく用いられています。簡単にまとめた図表をつくりましたので、これを機会にご利用ください(100頁参照)。

エイレナイオスにとって、福音書の数はまさに「四」でなければなりませんでした。四福音書と使徒言行録をひとつにまとめて「すべての使徒たちの教え」とし、「牧会書簡」(テモテへの手紙一・二、テトスへの手紙)を含む一二の手紙を「パウロの使徒的書簡」として用いています。また、「公同の手紙」のなかではペトロの手紙一とヨハネの手紙一・二が使徒の著作とされ、正典と見なされています。そこに含まれていなかったのは、ヤコブの手紙、ペトロの手紙二、ヨハネの手紙三、ユダの手紙、ヘブライ人への手紙が挙げられます。エイレナイオスはスミュルナ*出身で、ポリュカル

使徒教父
「使徒後教父」とも呼ばれる。一世紀に逝去した使徒たちの次世代にあたる二世紀の教会指導者たち。その著作は「使徒(後)教父文書」と呼ばれ、ほぼ一世紀中に成立した新約諸文書に続いて使徒的権威をもつとされる。

スミュルナ
ローマ帝国のアシア州内の都市、現トルコのイズミル。ここには長く相当数のキリスト教徒が存在し続けた。

ポス*のもとで学んだのちローマに滞在、さらにガリアに渡り、リヨンの主教になりました。彼の見解にはかなり広い地域の教会の事情が反映していると考えられます。

次に、カルタゴの主教テルトゥリアヌスです。彼は二世紀半ばに生まれ、三世紀初めまで活躍した西方キリスト教会の代表的神学者でした。エイレナイオスと同じように彼も福音書を四書に厳しく限定し、「正規の福音書」と呼びました。この四書を「使徒」である福音記者マタイおよびヨハネ、その使徒の弟子である福音記者マルコとルカによって著され、使徒的権威を有するものとしました。また、使徒言行録、パウロ書簡の一三書、三つの公同の手紙（ペトロの手紙一、ヨハネの手紙一、ユダの手紙）を「正規の使徒書」としています。そして、これら「正規の福音書」と「正規の使徒書」にヨハネの黙示録を加えたものを「新しい契約」（ラテン語 Novum Testamentum）と呼んだのです。正典的諸文書に「新約」と名をつけたのはテルトゥリアヌスが最初でした。

アレクサンドリアのクレメンスは「われわれに伝えられた四福音書」を他の福音書から区別し、「主の書」として特に重んじました。ここにいう「他の福音書」とは、文書の類型としては福音書でも、後に異端とされたり、正典から漏れた諸文書を指しています。クレメンスはこの「主の書」に加えて、使徒言行録、パウロ一三書（ヘブライ書を含む）、公同の手紙四書（ペトロの手紙一、ヨハネの手紙一・二、ユダの手紙）、ヨハネの黙示録、さらにいくつかの使徒教父文書や外典も重んじています。

ポリュカルポス（六九頃―一五五頃）スミュルナ主教、使徒教父。使徒ヨハネの教えを直接受けたと伝えられる。ローマで司教アニケトゥスと復活祭の日付に関して議論し、間もなく殉教。その死を描いた『聖なるポリュカルポスの殉教』は最古の殉教録。

これらの教父たちの言及から、二世紀後半の正典化の度合いを知ることができます。この頃には四福音書、使徒言行録、パウロの手紙一三書、ペトロの手紙一、ヨハネの手紙一、ヨハネの黙示録が正典的地位を得ていましたが、ヘブライ人への手紙、ヤコブの手紙、ペトロの手紙二、ヨハネの手紙三、ユダの手紙についてはその正典的地位が不安定でした。また、使徒教父文書や外典の中にも尊重されたものがあり、正典の範囲はまだ定まっていなかったことがわかります。

## ムラトリ正典目録

次に紹介すべき資料は「ムラトリ正典目録」（「ムラトリ断片」）です。正典の成立に関する書物では必ず言及される資料で、二世紀後半の教会の正典に関する見解を今日に伝える最も重要な文書とされています。この資料は一七四〇年にミラノのアンブロシウス図書館の館員Ｌ・Ａ・ムラトリが発見した八世紀のラテン語写本の断片です。そこには当時の正統的教会で受け容れられ、公けに読まれるべき文書は何か、つまり、「どの書が正典なのか」が記されていました。作成者は不明ですが、二世紀末にローマで作られたと推定されています。また、書名だけではなく、成立事情などに関する短い説明も付されています。

ムラトリ正典目録は最初の部分が破損していて、マルコ福音書に関する説明の途中から始まっています。次のルカ福音書を「第三の福音書」、ヨハネ福音書を「第四の福音書」としていることから、冒頭の破損部分にはマタイ福音書のことが書かれていたようです。四福音書の次には使徒言行録、その次にパウロの一三の手紙が続きます。パウロの名で著された「ラオデキア人への手紙」「アレクサンドリア人への手紙」は異端とされ、「公同の教会」に受け容れられないものとして退けられています。次に、三つの公同の手紙（ユダの手紙、ヨハネの手紙一・二）があり、そこには「ソロモンの知恵」も入っています。最後にはヨハネの黙示録と「ペトロの黙示録」が置かれ、後者には「われわれの中には、教会においてそれが読まれることを欲しない者たちがいる」と但し書きがあり、その位置づけは不安定であったことがわかります。また、「ヘルマスの牧者」については「公けに教会において人々に読んで聞かせることはできない」と説明され、他にもいくつかの書が「われわれは全く受け容れていない」という言葉で拒否されています。

## 正典の基準

ムラトリ正典目録にある書は先述の同時代の西方教父たちが認めた書と大体において一致していました。興味深いのは、教父たちの場合と同じように、いわば横綱級に安定的に受容されているものもあれば、いちおう受容されているけれども「カド番」のもの、すでにその座から「陥落」したものもあることです。まだ流動的であり、だからこそ、戸惑いを含めて真理を見極めようと格闘する教会の活き活きとした姿がそこに見てとれるのではないでしょうか。そして、その選択の目的として「公けに教会で読まれるべきかどうか」が挙げられていることに注目したいと思います。

正典として受容するか拒否するかは「教会で読まれるべきか」ということであり、その判断の基準は大きく二つに分けられます。一つ目は使徒による著作か否か、つまり「使徒性」です。しかし、必ずしも厳密ではなく、先ほど見たテルトゥリアヌスなどはマルコとルカを「使徒の弟子」としていました。二つ目は「公同教会」全体に向けて書かれているかどうかです。これは客観的な基準ですが、教会は外面的な基準のみに基づいて正典への取捨選択をしたわけではありませんでした。例えば、アンティオキアの主教セラピオン（二〇〇年頃）は、ある教会の礼拝で「ペトロ福音書」なる書が用いられているのを知り、それを精査しました。その結果、グノーシス的仮現論*的要素を含んでいることがわかり、礼拝での朗読を禁じたと伝えられています。使徒ペトロの名がつけられているという外面だけでなく、内容も吟味しながら正典を選び取っていったのです。

## 正統と異端

「異端とは何か」について少し考えてみましょう。時代、場所、論争の主題によって、何が異端とされるかは違ってきます。ここでは先に触れたマルキオンを例にしてみましょう。彼のまとめた聖書とそこに見られる思想は当時「異端」とされ、正統的

仮現論
キリストの受肉、つまり人性を否定し、十字架に架かったのは見かけ上のイエスにすぎないとする考え。二世紀に広まったが、異端とされた（エウセビオス『教会史』第二巻、Ⅵ12、秦剛平訳、山本書店、一九八七年、一六〇―一七〇頁）。

な教会から排除されました。

マルキオンの場合、「正統」と「異端」の違いは何だったのでしょうか。それはグノーシス主義であり、善悪二元論でした。この世界が悲惨であるのは悪の神デミウルゴスによって創造されたからに違いない、善であるはずの神はこの現実世界とは無関係に、この世界の外側に存在しているとマルキオンは考えました。しかし、これが誤りであることは旧約聖書をみれば明らかです。聖書の神ヤハウェは、イスラエルの具体的な歴史の中で働かれ、救いの業をなされたからです。

聖書は善も悪も、光も闇も、霊も肉も一元的にとらえます。これらを二項対立でとらえると「聖書的」ではなくなります。確かに、物事を二項対立でとらえるのはわかりやすいものです。善と悪を分け、自分が善でありたいと思うのがわたしたちの常ではないでしょうか。また、白黒はっきりさせたいのもわたしたちの基本的な欲求かと思います。もちろん、場合によっては簡単に白黒がつけられることもありますし、白黒をはっきりさせなければならないこともあるでしょう。しかし、それを判断するのは「わたし」という極めて相対的で限界をもった人間です。その判断は「正しい」「真理だ」ということからは程遠いと言わざるをえません。

マルキオンは「白黒をはっきりとつけたい」という根源的な欲求に素直に従ったということなのかもしれません。彼の聖書は旧約聖書がすべて捨て去られ、新約聖書も今日のものと比べると、ごく一部が採用されただけでした。これでは聖書の神とその救いの業《わざ》について、ごくわずかしか知ることができません。ひとりの人の恣意的な判断による取捨選択はやはりうまくいかないようです。聖書には信心深く正義にあふれた人物も登場しますが、どうしようもない悪人や罪人も現れますし、やりきれなくなるような悲惨な出来事も語られています。しかし、そうしたつまづきとなりそうな箇所を排除すれば、それはそれでおかしなことになってしまうのです。聖書の素晴らしさ、凄さのひとつは、人間の弱さも包み隠さず赤裸々に語っていることにあるのです。

グノーシス主義を二項対立の思想ととらえると、今日を含めていつの時代にも通ずる課題であることに気づかされるのではないでしょうか。幸い、現代の教会は中世のように異端審問をしたりしません。しかし、わたしたちのうちには善悪を恣意的に判断し、「異」なるものとして他者を排除しようとする誘惑が常にあるように思います。聖公会には、ある事柄が「真」であることを保証する権威の基準を分散させる「聖書・伝統・理性」という知恵があります。それを上手に用いつつ、しかしながら、善悪の判断は最終的には神さまのなさることであり、終末のときに明らかとなるということを今一度心にとめたいと思います。

## 「続編」「外典」「偽典」とは何か

「偽書」「偽典」などと聞くと、何かとてもスキャンダラスなものに思えたりします。

あるいは、パウロの手紙一三書のうち、六つはパウロが実際に書いたものではないなどと聞くと、がっかりしたりするかもしれません。こうした聖書にまつわる「偽」の問題をどう受けとめたらよいのでしょうか。少なくとも現代的な意味での「偽」と、古代の人びとにとってのそれはいくぶん趣きが異なることを考慮する必要があるでしょう。そうしなければ、そうした「偽典」「偽書」を本来的な意味で受けとめることができなくなるように思います。

そもそも古代においては、現代のような「著作権」という考え方はありませんでした。ピカソはある時、洞窟壁画や古代の絵画などの作品には作者の署名がなく、そのことにいたく感動して、自分の作品にサインを描かない時期があったそうです。古代人の作品にサインなどない。サインがなくても良いものは良い。ピカソの絵だから凄いと言われるのも心外だ。作品そのものを見てくれという意味だと思われます。古代の人びとは現代人に比べれば、その点とても大らかで、誰が作者であるかというよりも作品そのものが重要だったと言えるのでしょう。

確かに、正典とされた書のなかには、パウロの名が冠されながら、実際にはパウロが書いたのではないとされる書があります。これには使徒の名を冠して権威づけるという動機もあったのでしょう。しかし、内容が決定的であったのも確かです。もし名による権威のみで選ばれるとすれば、先の「ペトロ福音書」などは文句なしに正典に入っていたでしょうし、ヨハネの黙示録などは「ヨハネ」という名が冠せられていたにもかかわらず、東方教会では正典性の論争が四世紀になっても続いていました。

　ここで具体例を挙げたいと思います。「テサロニケの信徒への手紙」には「一」と「二」があります。諸説ありますが、聖書学の通説では、前者はパウロの真筆、後者は真筆ではないとされています。しかし、「二」は内容的にはパウロの神学や思想の延長上にあることは確かですし、教会はその内容に使徒との連続性あるいは継承性を見たのでしょう。実際、「二」にはない新しい内容（Ⅱテサ二・一―一二）も用語・様式ともにパウロのものと同一であると主張する学者もいます。また、「一」の執筆後、テサロニケ教会に誤った終末論的態度をもつ人びとが出てきたとの知らせを聞いたパウロが「二」を誰かに書かせ、それを認証した（Ⅱテサ三・一七）という説もあります。

　いずれにせよ、教会が使徒的権威があるというとき、必ずしも一般的な意味での権威主義的な態度を示しているとは言えません。決定的なのはやはり内容なのです。そこにイエス・キリストの福音が誤りなく記されているか、その伝達を保証する使徒性が誤りなく継承されているかが重要でした。もし単なる権威主義や中央集権を指向していたのであれば、福音書は一つとされたことでしょう。しかし実際には、四つの福音書が残され、相当の多様性が保持されてきました。それによって、よい意味で固定化、硬直化しづらい、多面的で豊かなイエス・キリスト像をわたしたちは持つことができるのです。

ヒエロニムスが四世紀に聖書をラテン語に訳したとき、古くからのヘブライ語原典を旧約「正典」とし、それ以外で前三世紀以降にエジプトでギリシア語に訳された「七十人訳聖書」*に入っている書を「外典」（アポクリファ apocrypha）と呼びました（45頁参照）。その他のユダヤ教関連の諸文書は「偽典」*（プセウドエピグラファ）と呼ばれます。

聖書の「外典」という場合、旧約聖書関連では「旧約外典」と「旧約偽典」があり、新約では新約聖書以外の関連文書はすべて「新約外典」ということになります。新約聖書関連の文書を「外典」と呼んだのは四世紀アレクサンドリアの主教アタナシオスです（三二八年）。ローマ・カトリック教会は一五四六年のトリエント公会議で「旧約外典」を「第二正典」とし、聖公会では一五六一年の「三十九箇条」で「続編」として受け容れていますが、他のプロテスタント教会ではそのような位置づけはみられません。カトリック教会における「第二正典」という呼称にあらわれているように、正典ではないけれどそれに準じたもの、信仰や教理の基準にはならないけれど、信仰を養うのには有益な書をあらわしています。

「旧約外典」とよばれる一五の文書は、おおよそ「旧約正典」の時代が終わる頃からハスモン朝の時代（前一四二―前六三年）におけるユダヤ人社会を背景としています。ギリシア化に反対して立ち上がったマカバイ家の運動を記した「マカバイ記」、

七十人訳聖書
Septuaginta　書名は七二人の訳者により七二日間で翻訳されたという伝説に基づく。

偽典
Pseudepigrapha　ヘブライ語、アラム語、ギリシア語の写本で伝わった一部のものを除き、多くがラテン語、エチオピア語、シリア語、スラブ語に翻訳された写本によって伝わった。

ギリシア文化を取り入れつつもユダヤの伝統的信仰を守ろうとしている「ソロモンの知恵」や「ベン・シラの知恵」、また黙示文学の「エズラ書」などがあります。

新共同訳聖書の刊行以降は「（旧約聖書）続編*」という呼称が定着しています。新共同訳聖書「旧約聖書続編」の最初の一〇書（トビト記―ダニエル書補遺）がそれにあたります。また、その後に続く「エズラ記（ギリシア語）」「エズラ記（ラテン語）」「マナセの祈り」は、ローマ・カトリック教会ではアポクリファと呼びます。なお、それら三書は、それぞれ「第三エズラ記」「第四エズラ記」「マナセの祈り」の名称でラテン語聖書の付録として出版されていたのですが、聖公会では最初の一〇書とともに「続編」に加えられています。

「旧約偽典」はハスモン朝時代から新約時代までの約三〇〇年にわたる信仰文書を含み、「ソロモンの詩篇」「十二族長の遺言」、黙示文学の「エノク書」などがあり、また有名な「死海文書*」に含まれる諸文書もここに分類されます。

「新約外典」は紀元後一世紀から二世紀にかけて流布していたさまざまなキリスト教文書のうち、正典に収められなかったものを指します。「ペトロ福音書」や「トマス福音書」といった福音書関連のものや、イエスのことばの断片、使徒たちの行伝や書簡類、さまざまな黙示文書があります。

教会は何かを排他的に決定するというより、「ここから先は越えてはいけない」と

旧約聖書続編
日本では、杉浦貞二郎により『キリスト教旧約外典』（一九二二）として初めて訳出された。日本聖公会では一九三四年に『アポクリファ（旧約聖書続編）』を刊行、一九六一年には名称を改め『アポクリファ（旧約聖書外典）』として復刊した。その後「外典」という名称は聖書学研究所編「聖書外典偽典」（全七巻）に、「続編」は「聖書　新共同訳　旧約聖書続編つき」（一九八七）に引き継がれている。

死海文書
一九四七年以来、死海北西岸のクムラン付近から発見された巻物およびその断片。紀元前二世紀―後一世紀に書かれた。

いう線引きをするようなところがあるように思われます。これは古代の教会会議における教理の確定にも言えることです。わたしは六年ほど幼稚園の運営に携わっていました。幼稚園では時おり園外保育に出かけます。わたしのいた幼稚園ではよく賀茂川に出かけました。目的の川べりに着くと、幼稚園の先生たちが子どもたちに「あそこに見える階段からここの階段までの間で遊ぼうね」と伝えてから遊びが始まります。「この遊びをしなくてはならない」ということはなく、どんな遊びをしてもいい。しかし、線引きだけはするのです。それは規範のための規範といったものではありません。それを越えると川に落っこちたり、事故に遭いやすくなってしまうからです。子どもたちが安全に、自由に伸び伸びと遊ぶための線引きといってもいいでしょう。

正典の原語であるカノンがもつ意味に表されているように、正典化とはむしろ線引きや基準を設定するということなのです。教会には規範を定めるというきっちりとした指向性と同時に、かなりの多様性や自由さを認める大らかさがあるのです。それは同じものをわかち合おうという公平性や平等性にも表れています。それが「公同性」つまり「カトリック性」ということなのではないでしょうか。

### 新約聖書二七書の限定

使徒教父たちの著作やムラトリ正典目録にみられるように、正典として教会に受け容れられるべき諸文書をリストアップする動きが各地でみられるようになりましたが、今日わたしたちが手にしている新約聖書の二七書が初めて限定されたのは、三六七年アレクサンドリアの主教アタナシオスの手になる「第三九復活祭書簡」においてでした。彼の影響のもと、七つの公同の手紙の正典性は速やかに認められましたが、ヨハネの黙示録についてはそれ以後も意見の一致が見られず、東方教会で黙示録を含む新約聖書二七書が正典として受容されるようになったのは七世紀末頃のことだったようです。

西方教会ではムラトリ正典目録によって認められたヨハネの黙示録の正典性は、いくつもの議論があったとはいえ、その後も否定されることはありませんでした。とはいえ、ヘブライ人への手紙と公同の手紙のいくつかについては議論が長く続いたといいます。しかしながら、全体的には、西方教会の規範性を重視する精神とあいまって、正典の制定は比較的容易に早く進められたと言えます。

そうした経緯の中で特筆すべきは、四〇〇年前後にヒエロニムスの手によってラテン語に訳された「ウルガタ聖書」（Vulgata）です。そこにはアタナシオスによる正典範囲に基づき、今日のわたしたちが手にしているのと同じ二七書が収められています。当初はその価値が一般に認められていませんでしたが、ウルガタ聖書は中世には西方教会全体の聖書となりました。そのことは「公開された、すべての人々に知られた」を意味する vulgatus という語に由来するその名によく表れています。その後、一五四六年のトリエント公会議は、このウルガタ聖書を権威ある公的な版とし、そこに収められた二七書を正典として重んずべきことを決議しました。

## 教会会議とは何か

古代の教会会議*は全世界的な「公会議」(ecumenical council)、地方教会の「全体会議」(general synod)、地方の「司教会議」(local synod) に分類されています。いずれも決議は「法令」(canon) として、教皇や司教の「教令」(decretals) とともに古代の教会法を形成するものとなります。

教会会議でのある教理や見解の確定は、常に、正典化の過程で見られるような、誤りなき福音を保証することや、使徒性、公同性といった意図と純粋な動機づけに基づいてのみ動いてきたわけではないこともまた確かです。とくにローマ帝国の国教となってのち教会が権力を持ち始めると、その論争を巡って、さまざまな政治的意図が働いたり、さまざまな醜聞、権力闘争があったのも歴史的事実だからです。しかしそのような中にあっても、聖霊の導きを祈りながら、キリストの体である教会を守ろうとしたおびただしい数の先達がいて、二千年もの時空をこえてキリスト教会がいまに伝えられているということを心にとめたいと思います。

## 教会会議と正典の確定

さて、さまざまな議論がされましたが、最終的には教会会議が公認し、正典の範囲

教会会議
教会を代表して司教(主教)が、教義や規律について審議決定するために集まる会議。なお、古代における職制の訳語については、西方教会(カトリック)は「司教」、聖公会と東方教会は「主教」を用いる。

が確定されます。教会会議で聖書正典が初めて論じられ、それが目録として記録されたのは、三六三年のラオデキア会議と言われています。しかし、残念ながら資料はほとんど残されておらず、はっきりしたことはわかっていません。その後も多くの教会会議で正典の範囲が議論されましたが、資料が乏しいためにわかっていないことが多く、資料があってもかなり煩瑣《はんさ》な曲折をたどることになります。

ここでは正典に関わる古代の教会会議としてよく言及されるカルタゴ会議（四一九年）だけを紹介することにします。北アフリカにあるカルタゴは当時の西方教会の中心地の一つでした。この会議で決議された教令「アフリカ教会教令法典」に正典目録が含まれています。この教令はその前の二つの会議、三九三年のヒッポ会議と三九七年のカルタゴ会議を踏襲したもので、正典目録はヒッポ会議のものが基礎となっているとされています。よく知られたヒッポのアウグスティヌス*もヒッポ会議には司祭として、その後の二回のカルタゴ会議には主教として出席し、少なからぬ指導性を発揮したと言われています。

アウグスティヌスによれば、正典が決定されたのはヒッポ会議や四一九年のカルタゴ会議ではなく、三九七年のカルタゴ会議であったようです。四世紀末にはアフリカ教会は先述のアタナシオスが挙げた二七書と同じものを正典とし、五世紀には西方教会全体がこの正典範囲が確定的となったということがそこからわかります。なお、「アフリカ教会教令法典」には新約正典の目録だけでなく、当然のことながら旧約正

アウグスティヌス（ヒッポの）三五四―四三〇。ラテン教父最大の神学者・哲学者。北アフリカのタガステ生まれ。青年期にマニ教や新プラトン主義などを遍歴した後に三八六年回心を経験し修道生活に入る。三九六年ヒッポの司教となり、西方教会の理論的指導者として、異端との論争を通じてキリスト教の神学的基礎を築く。主著は『告白録』『神の国』『三位一体論』。

典の目録も含まれており、今日の旧約正典がほぼ出揃っていますが、そこにはトビト記などの「続編」も含まれており、現行の聖書正典が確定されていたわけではありませんでした。

このように、西方教会では五世紀、東方では七世紀末以降、今日の新約二七書が主流となっていきます。しかし、教会会議による正典の制定はキリスト教世界全体に強制力を持っていたわけではなく、この新約二七書が主流になった後も、個々の文書の正典性に疑いを持ったり、批判したりする人が常に存在していました。

## 宗教改革の時代——トリエント公会議

時が流れ、ルネサンスの人間中心主義や古典研究への熱意が正典性に疑義を抱く動きに新たな力強い根拠を与えていくこととなります。一六世紀になると、近代科学の萌芽が見られるようになりますが、同時代のルターの注解などをみると、聖書の植物について博物学的な知識が得られていたことが垣間見えます。現在のような聖書の文献学的な研究は二〇世紀に入ってからのことですが、当時の文献学的研究もかなり進んでいたようです。実際、宗教改革者ルターやカルヴァンはすぐれた聖書学者だったわけですが、エラスムスら当時の人文主義者たちの文献学的研究を高く評価していました。そうした立場からルターはヘブライ人への手紙、ヤコブの手紙、ユダの手紙、ヨハネの黙示録を正典とすることに批判的であり、カルヴァンはヨハネの黙示録、ヨハネの手紙二、三を無視していました。

聖書正典化の歴史を辿る上で最後に紹介しなければならないのは一五四六年のトリエント公会議です。時の教皇パウルス三世は宗教改革によって大きなダメージを受けたローマ・カトリック教会の再興を期して、一五四五年暮れに公会議を召集します。この会議は一八年の長きにわたり、断続的に四会期二五回、開催されました。こうしたローマ・カトリック教会の動きは「対抗宗教改革」とも呼ばれます。

この会議の第四総会が一五四六年四月八日、どの文書を正典に入れるかに関する法令を制定しています。この法案が可決されるまでには、先述した文献学的研究に好意を寄せる聖職者たちと、正典に関する従来の教会の見解を擁護する聖職者たちの間で激しい論争がありました。しかし、結果的には、現在につながる「旧約三九書、新約二七書」が十分に正典的であると決議されました。なお、この決議ではヘブライ語（旧約）やギリシア語（新約）の聖書原典ではなく、ラテン語のウルガタ聖書が公けに使用されるべき決定版であることも定められています。

こうしてローマ・カトリック教会内での正典に関する異端が封じられることとなり、プロテスタント教会でもその後、正典範囲を定める信仰告白や信仰箇条*が決議されていきます。聖公会では一五六一年に「英国教会三十九箇条」（「三十九箇条」）で正典の範囲が正式に確定されています。

信仰箇条
フランスの改革派教会による「ガリア信仰告白」（一五五九年）と「ベルギー信仰告白」（一五六一年）、英国のプロテスタント（ピューリタン）たちによる「ウェストミンスター信仰告白」（一六四七年）など。

**英国教会三十九箇条**

その条項を具体的に見てみましょう。「救いのために聖なる諸書（the Holy Scriptures）は十全であることについて」と題された第六条は、聖書（Holy Scripture）は救いに必要なすべての事柄を包含しており、聖書に基づかないものは信仰あるいは救いに必要不可欠なものとして誰にも要求されてはならないとし、以下のように述べたうえで、旧約の目録を載せています。*

> 教会においてこれまでその権威が疑われることのなかった新約と旧約の正典的諸書（those Canonical Books）を、われわれは、聖なる書（the Holy Scripture）の名において理解する。

「旧約聖書続編」（外典、アポクリファ）については、以下のように言われています。

> その他の諸書を教会は（ヒエロニムスが言っているように）生活の模範や道徳の教えとして読むが、しかし、それらをいかなる教理をも立てるために適用してはならない。

新約については条文の末尾に以下のようにあるだけで目録は載せられていません。

* www.anglicancommunion.org/media/109014/Thirty-Nine-Articles-of-Religion.pdf

この時点で新約の正典範囲がいかに定着していたかを窺い知ることができます。

新約全書は、それらが一般に受け容れられているのと同じようにわれわれは受け容れ、それらを正典とする。

三十九箇条は英国宗教改革期にエリザベス一世によって制定された信仰箇条です。ヘンリー八世、エドワード六世と続いてきたローマ・カトリック教会からの離脱と教会改革はメアリの時代における反動政策で一変し、カトリック主義への揺り戻しを起こしました。メアリの治世にはクランマー大主教やラティマーといった宗教改革で重要な役割を果たした教会指導者たちが次々と火あぶりの刑に処せられました。そのため、メアリは「ブラッディ・マリー」（「血まみれのメアリ」）と恐れられ、それが後にトマトジュースを使ったカクテルの名前になったことがよく知られています。

メアリの死後、若くして王に即位したエリザベスは英国を改革路線に戻し、大陸からの独立を守る一方で、国内の激しい神学的論争と宗教的混乱を収拾するために国民的一致を図ります。その方策の中心の一つが「三十九箇条」でした。これはローマ・カトリック教会とプロテスタントの両極を排し、多様な解釈の可能性を残しつつ、神学的対立を越えて英国教会の一致を指向するものでした。

日本聖公会と「三十九箇条」はどのような関係にあるのでしょうか。一九世紀末の日本聖公会の組織成立期に、「三十九箇条」を「編制」（現在の「法憲」）に入れるかが宣教師たちの間で議論されました。結果的には「三十九箇条」は英国における特定の時代の宗教論争の中から生まれた歴史的所産であり、歴史的背景が全く異なる日本聖公会の規範とするに相応しくないとして、採用されませんでした。実際、「三十九箇条」の条文一つひとつは、当時の英国の神学論争を踏まえることなしに正しく理解することはできません。とはいえ、「三十九箇条」はエリザベスの時代にとどまらず、後のアングリカニズムの形成と発展のよりどころとなり、現在においても世界の聖公会の有効な指針として機能しています。

ここで、一六世紀後半に英国で誕生した「三十九箇条」が現代にも生きて展開している例を紹介しましょう。正典範囲の確定だけでなく、聖書の解釈や、教理の受け容れ、伝統をどう理解するかにそれは関わっていますし、聖公会の特徴的な立場がそこには垣間見えます。

例えば、ランベス会議*で決議された文言の中には「伝承（tradition）とは（中略）生きた成長する教会の『思い』（mind）である」とあります。これは「三十九箇条」の第二〇、二一、三四条から展開されたもので、伝承をどう理解するかが示されています。塚田理先生は次のように述べています。

どのような教義も、教会権威者がいわば上から押しつけてはならないとし、教

ランベス会議
一〇年に一度、全聖公会の主教が一堂に会する世界会議。そこでの決議は各国聖公会（各管区）に対する法的拘束力はないが、通常尊重されることになっている。

義は信徒教会員の大多数によって心から信じられていること、すなわち信徒の同意が必要であると〔聖公会は〕主張してきた。信徒たちが心から受け入れられない教義は、すでに権威を失っていると言えよう。なぜなら、教会の信仰は信徒たちの信仰生活の中で生き、保たれ、伝えられて行くからである。

（塚田理『イングランドの宗教――アングリカニズムの歴史とその特質』教文館、二〇〇四年、一〇六頁。〔　〕は引用者注）

これだけでもわたしたちには十分に新鮮な響きを持っていることでしょう。「大多数によって」という言葉から、「単なる民主主義や多数決ではないか」と思われるかもしれません。しかし、もちろんそうではありません。そこにはある程度以上の時間的、つまり歴史的な幅をもつ信仰生活の積み重ねと、そこから形成されてくる共通理解が前提となっています。それは「常識」「コモンセンス」、あるいは「通時的理性」と言ってもいいかもしれません。

ここで大切なことは一時の熱狂的な感情に流された判断や、権力を持つひと握りのひとや声の大きいひとたちの言うことにではなく、信仰生活の積み重ねや話し合い（会議）の過程に聖霊が働くと考え、そこに権威を認め、それが確かさを保証すると考えるのが聖公会なのだということです。それを担保し、一時的で人間的なものに左右されないために、聖公会では制度や法規が重視されるのです。教会の制度・法規は、そこから聖霊の働きを分離してしまうと、教会の法ではありえなくなってしまいます。

## 3　聖書の配列について

次に、聖書各書の配列について考えていきましょう。聖書の目次（16頁）を見てみると、その順序は一見、成立年代順にみえます。しかし、そうでないことはここまでに見てきた通りです。では、各書の順序は偶然の産物なのでしょうか。それとも、何らかの意味があるのでしょうか。

### ユダヤ教の正典成立

ユダヤ教の正典（ヘブライ語聖書）、つまり後に「旧約聖書」と呼ばれるようになるものが「律法」「預言者」「諸書」の三つに分けられ、そのそれぞれが権威を認められるようになった年代についてはすでに簡単に触れましたが、ここで改めてその歴史を振り返ってみましょう。

前六世紀、バビロン捕囚から帰還したイスラエルの民は、前五一五年には神殿再建を果たします。これによって民族のアイデンティティーを再び取り戻したかに見えましたが、かつての栄光を取り戻すことはできませんでした。捕囚からの解放をもたらしたのはペルシア帝国でしたが、その支配は盤石で、依然として人びとは貧困に悩まされたのです。そのような中、神への熱心さは失われ、自己中心的な生き方が蔓延していきます。そこで前五世紀中頃、ペルシアの宮廷に仕えていたエズラが帰国し、のちの旧約聖書の最初の五つの書、「律法」をまとめ、これがまず正典としての権威を与えられます。エズラは律法を中心として共同体の再生に取り組んだのでした。その後、前二〇〇年頃には「預言者」が正典と見なされるようになり、後一世紀末にはその他の書の中で正典とされたものがエルサレム陥落後のヤムニアにおける会議（後九〇年）で「諸書」（ケトゥビーム）としてまとめられます。後に旧約聖書と呼ばれるようになる書の構成はこのように確立されました。

　このようにしてまとまった「ヘブライ語聖書」の順序は「パレスチナ型」と呼ぶこともあります。今日の邦訳聖書とは順序が異なっています。

## ローマ時代のユダヤ

　さて、このようにしてユダヤ教の正典が確定されていった時代はどのような時代だったのでしょうか。ヤムニヤでの会議に至る経緯をイエスの時代にまで遡ってみていくことにしましょう。

イエスが生まれる数年前のこと、ヘロデ大王が死去し（前四年）、ユダヤの王国はその三人の息子によって分割統治されます。しかし、王国はヘロデ大王の時からすでにローマ帝国に従属する「藩属王国」でしたから、息子たちの分割統治も当時の皇帝アウグストゥスの承認の下に行われたものでした。したがって、ユダヤ人の王といっても実際は「傀儡政権」（つまりローマのあやつり人形）であり、長男のアルケラオスなどはその悪政ゆえにユダヤ人から皇帝に訴えられた結果、追放されて、ユダヤ・サマリア・イドマヤを含む地方はローマ帝国から派遣された総督の直接統治下に置かれることになります。

イエスの裁判に関わることになるピラトは第五代目のユダヤ総督です。ルカ福音書ではやや穏健に描かれていますが、実際には反ユダヤ的な統治を行いました。ローマ皇帝カリグラ像の建立はその最たるものです。ヤハウェ以外を神とせず、偶像崇拝を厳しく禁じられているユダヤ人にとって、これは許し難い暴挙でした。四一年には皇帝が暗殺され、像の建立は頓挫しますが、この年にヘロデ大王の次男以下二人の息子たちの領地は大王の孫アグリッパ一世（使一二・二〇―二三）のものとなります。ところが、その三年後にアグリッパ一世が急死。総督統治が復活し、ユダヤ人への抑圧と腐敗政治が再び行われ、しばしば反乱が起こっています。

反帝国への火がくすぶる中、ついにローマ帝国の支配に対する抵抗運動が勃発します。ユダヤ人たちは一旦は熱心党を主導にエルサレム全市を手中に収めます（六六年)。しかし、帝国の圧倒的な軍事力を前に、七〇年には神殿が破壊され、エルサレムは攻略されます(ルカ一九・四三)。さらに、その三年後には最後の砦であった要塞マサダが陥落し、抵抗運動は完全に鎮圧されてしまいます。これが「第一次ユダヤ戦争」です。

このとき神殿の崩壊とともに「サドカイ派」が消滅しました。彼らは神殿貴族でしたから、神殿が消滅して犠牲の祭儀ができなくなり、その存続の基盤を失ったのです。彼らはユダヤ教の指導的立場にありながら大国ローマに妥協的で、そればかりか、弱者からの搾取によって富を独占していました。祭司でありながら、「生きているうちが花なのよ」とばかりに現世主義に徹していたのです。モーセ五書のみを経典とすることとも関連するのですが、彼らは「死者の復活」を信じず、超越的なものには関心がありませんでした。

当時社会の指導的立場にあったもうひとつのグループとしては「ファリサイ派」が挙げられます。イエスの論敵という点ではサドカイ派と共通しています。しかし、ファリサイ派は律法遵守が身上なので、立派なひとが多く、基本的には庶民からも尊敬されていたでしょう。イエスが批判したのは、むしろその「立派さ」から来る形式主義や非寛容な生き方でした。

ユダヤ教の指導的な二大勢力のうち、大国にすり寄り、現実主義路線をとったサドカイ派は滅び、「死者の復活」に見られる現実を越えた超越的な教えを信じたファリサイ派の方が生き延びたのは皮肉といえば皮肉ですし、歴史的な教訓にもなりうるのではないでしょうか。国際政治は常に様々なパワーバランスを考慮しなければならないのでしょうが、現実主義の名のもとに、国の自立性や主体性を放棄してまで大国にすり寄り、弱肉強食をよしとして一握りの者が富を独占するとき、むしろ滅びを引き寄せてしまうということは普遍的な教訓なのかもしれません。

こうした時代を背景に、後の旧約聖書となるヘブライ語聖書はユダヤ教の正典として確立されたと考えられています。エルサレムが陥落し、ユダヤ教は壊滅的なダメージを受けましたが、ローマはユダヤ人に従来からの自治権や諸権利は認めていました。ユダヤ教の指導者層はヨハナン・ベン・ザッカイの指導の下、エルサレム西方、地中海沿岸の小村ヤムニアにサンヘドリン（最高法院*）を新たに組織します。ヨハナンについては七〇年のエルサレム包囲の中、棺に入って身を隠し、ヤムニアに逃れたという逸話が知られています。そして、九〇年、このヤムニアで正典の決定に関係すると考えられている話し合いがあったことが記録に残っています。

再出発したユダヤ教は、都エルサレムにある神殿ではなく、各地の会堂（シナゴーグ）を拠点とするようになり、祭儀ではなく律法が中心となっていきました。二世紀に入ると、再び対ローマの抵抗運動が勃発します（「第二次ユダヤ戦争」）。この戦争は指導者の名をとって「バル・コホバの乱」（一三二―一三五年）と呼ばれています。ローマはこの反乱を鎮圧後、エルサレムへのユダヤ人の立ち入りを禁じます。立ち入り禁

サンヘドリン（最高法院）
もともとは大祭司を長とし、祭司・長老・律法学者の代表七〇名から構成されるユダヤ教の最高決議機関。司法機関でもあった。

止は四世紀まで続きました。七〇年のエルサレム陥落の際、崩壊した神殿で唯一残った西壁が「嘆きの壁」とされるのは、それ以降のことです。

## ギリシア語訳聖書

ヘブライ語聖書は先述のように前三世紀以降、ギリシア語に翻訳されていきました。ギリシア語への翻訳はマケドニアのアレクサンドロスの東征によって地中海の東側、中東地域がヘレニズム化（ギリシア化）されたことと無関係ではありません。そうした情勢の中、エジプトのアレクサンドリアで七十二人の訳者が七十二日間かけて完成させたとされているのが「七十人訳聖書」（セプトゥアギンタ）です。これは正典の「型」では「アレクサンドリア型正典」と呼ばれます。興味深いのは、このアレクサンドリア型正典はギリシア語に翻訳されただけではなく、パレスチナ型正典の構成、順序を変えたという点です。アレクサンドリア型はパレスチナ型の「前の預言者」を「律法」と結びつけ、「後の預言者」を「諸書」の後に配置しました。内容的には「歴史」「知恵」「預言」という配列に置き換えたのです。これによって「〈過去〉→〈現在〉→〈未来〉」という流れが生じます。つまり、ここにはひとつの歴史理解が表現されているのです。その「歴史」とはもちろん、「神の救済の歴史」すなわち「救済史」です。その歴史理解によれば、自分たちの生は未来に開かれていることがわかり、それがイスラエルの希望となるのです。これは救済信仰の現在に立って、過去を再解釈するということで、それによって現在を生きる人間が自分たちの未来に希望を見出すことができるようになります。つまり、聖書各書の内容だけでなく、聖書の配列そのものがひとつの歴史哲学となっているのです。

### 「配列」による救済史

新約聖書は「アレクサンドリア型」の正典の配列、つまり、その歴史哲学を踏襲しました。両者それぞれの〈過去〉〈現在〉〈未来〉は対応関係にありますが、それは単なる反復ではなく、「新約」が「旧約」を再解釈していると理解できます。

両者の関係は様々に言い換えられます。例えば、「預言」と「成就」です。使徒言行録八章三〇—三五節にあるように、キリストの十字架の出来事に遭遇したひとが「これは一体何か」と驚き、(旧約)聖書を繰って調べ、例えば、イザヤ書五三章の「苦難の僕《しもべ》」がイエスだと気づくといったことです。また、アブラハムのひとり息子イサクの奉献(創二二・一—一九)で示された神への忠実・従順への「お返し」として、神はその独り子を犠牲としてくださったという見方をする人もいます。*あるいは、旧約聖書で積み残された課題が新約聖書で解決されたということもできるかもしれません。例えば、ヨブ記では「義人が苦しむのはなぜか」という根源的な問いが提起されていますが、それが新約において、神の子が苦難を受け、それによって人間が救済される(あるいは、義人の苦難が救われるとしたら、そのくらいまでいかなければありえ

* 橋爪大三郎『教養としての聖書』光文社、二〇一五年。

〈パレスチナ型〉の構成
律法
預言者（前の預言者／後の預言者）
諸　書

〈アレクサンドリア型〉の構成
律法＋前の預言者（創～エス）　歴史……〈過去〉
諸　書（ヨブ～雅歌）　知恵……〈現在〉（今をどう生きるか？）
後の預言者（イザ～マラ）　預言……〈未来〉

新約聖書の配列
福音書・使徒言行録　歴史……〈過去〉
書　簡　知恵……〈現在〉
黙示録　預言……〈未来〉

ない）として解決が示されるということが言えます。

旧約と新約の構成と配列はそれ自体が一体的に「救済史」という歴史哲学を表現している、と先ほど述べました。歴史哲学では、人間の過去、現在、未来すべての行程に意味や目的があると考えます。そして各個人は、その意味や目的から、現在の自分の置かれている状況を解釈したり、未来の展望を見出すことができます。身近なところでは、「前世はアリだったのかも」とか「来世には鳥に生まれかわりたい」といった会話を聞くことがありますが、そこには仏教的な「輪廻」といった循環する歴史哲学が前提となっていると言うことができます。それに対してキリスト教のそれは「終末」に向かって前進する直線的な歴史哲学と言えるでしょう。そして、旧約と新約の構成と配列とが示す救済史のもつ歴史哲学は、たとえば次のように素描できるでしょう。

キリスト教の母体となったのはユダヤ教ですが、そのユダヤ民族の救いの原点は、奴隷となっていたエジプトから神によって救い出された体験です。その神との契約によって彼らは「神の民」として歩むことになるのです。ところが、つねに神に従って歩むはずの神の民なのですが、幾度となく神から離れてしまうのでした。そこで神は、そのたびに預言者を立て、その預言活動を通して神に立ち返るよう民に呼びかけます。すると民は、いったんは神に立ち返ることもありますが、場合によっては預言者を迫害したり殺したりもします。旧約聖書を読むと、そのようなことが何度もくりかえされてきたことが分かるでしょう。ところがそれでも人間が神に立ち返ることはありませんでした。神の救いの手立ては万策尽きるのでしょうか。もちろんそうではありません。しかし、神はおそるべき方法を思いつきます。それが、ご自分の独り子（イエス・キリスト）を人間のために差し出すことでした。こうして、行き詰まったかに見えた旧約での救済史の危機が、イエス・キリストの十字架上の受難と死に向かって収斂していくのです。そして、復活の出来事がその収斂を開放へと向かわせます。キリストの再臨という終末に向かって、それと同時に、終末という「未来」から現在の生が照らし出されることによって、〝いま〟という時の意味を悟り、「待ちつ急ぎつ」歩んでいくのがキリスト者なのです。

わたしたちは少なくとも義務教育の課程で「歴史」は学ぶのですが、歴史哲学を学ぶ機会はないことでしょう。確かに日本史であれ世界史であれ過去を学ぶことによって現在を知り、未来への見通しを立てることはできるのでしょう。しかし、歴史に意

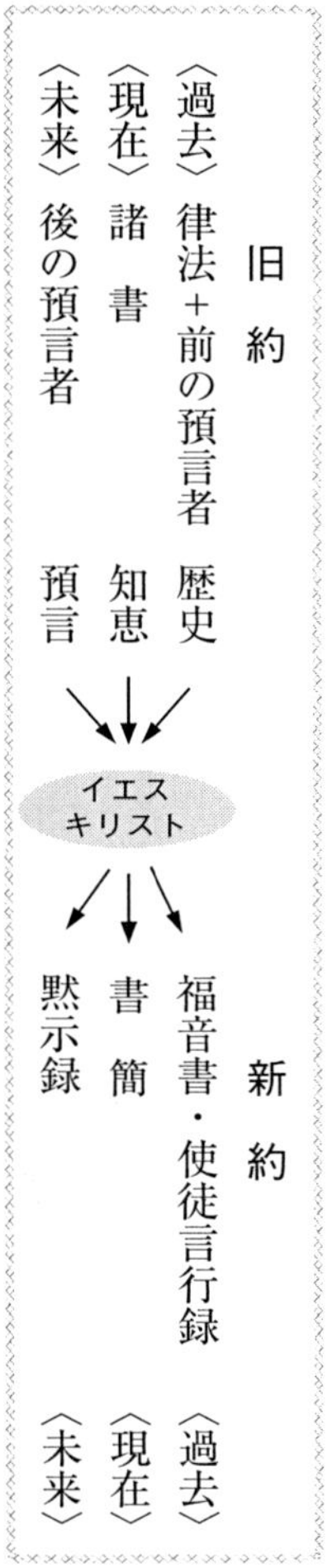

味や目的、そして方向性があるということを学ぶ機会はありません。キリスト者は聖書の構成と配列によって――教会暦も同様の働きをしていますが――救済史を学び、そこから現在の自分たちの人生の意味を見出していくことができるのです。

### 「新しいトーラー」

このように構成と配列から聖書をとらえるとき、旧約と新約を結びつけている書が「マタイによる福音書」であるということにはどのような意義が認められるのでしょうか。その冒頭はご存知の通り、長い系図です。せっかく新約聖書を読んでみようと開いたものの、いきなり長々とした人名が続き、出鼻をくじかれたという話はよく聞かれます。しかし、この系図が冒頭にあるからこそ「マタイによる福音書」が新約の最初に選ばれたと言えなくもありません。

そもそも「マタイによる福音書」の主たる執筆動機はユダヤ人へのキリスト教伝道であったとされています。そのため、旧約と新約の連続性を論証していたり、ユダヤ教徒とキリスト教徒の対立といったモチーフないし状況が背景とされている場面が随所に見られたりします。また、五章以下の「山上の説教」を皮切りにイエスの五つの説教群が認められるとして、この福音書を〝新たなトーラー〟と見る学者もいます。

冒頭の系図は旧約と新約の、いわば連結器のような重要な役割を果たしています。旧系図とは通常、自分たちの過去とのつながりが正統なものであることを示します。

約との連続性という点では、確かにそうした面がないわけではありません。しかし、一般の系図の場合、立派な家柄や血筋の連続性を保証するものであることが多いわけですが、マタイによる福音書の場合は相当異なります。ユダヤの社会は男性中心とされていますが、その系図には四人の女性が母親として登場しています。しかも、いずれも通常の婚姻関係の外にあった女性たちです。聖書はイエスに非常に重い歴史を背負わせているともいえますが、この系図は家柄とか血統を越える福音をすでに暗示しているのです。

**配列の経緯**

しかし、聖書各書の配列が持つ意味については、残念ながら、こうした見方は主流の聖書学からはあまり支持されていません。ここで見てきた正典の「型」には十分な歴史的根拠がないとされているからです。かつては最初にひとつの原本があり、そこから様々なバージョンに派生したと理解されていました。しかし、今では「七十人訳聖書」とひと口に言っても、最初から各地で同時的に多様なバージョンが存在していたことがわかっています。

また、古代の聖書の形態を考えると、「聖書の配列」に関する事態はさらに複雑となります。古代の聖書は羊の皮をなめした羊皮紙、もしくは植物の繊維から作られたパピルス紙に書かれた巻物で、各書はある程度まとめられていました。イエスが宣教の初めに語られた「ナザレ宣言」は「預言者イザヤの巻物」を朗読するところから始まっています（ルカ四・一六―二〇）。

イエスはお育ちになったナザレに来て、いつものとおり安息日に会堂に入り、聖書を朗読しようとしてお立ちになった。預言者イザヤの巻物が渡され、お開きになると、次のように書いてある個所が目に留まった。

「主の霊がわたしの上におられる。
貧しい人に福音を告げ知らせるために、
主がわたしに油を注がれたからである。
主がわたしを遣わされたのは、
捕らわれている人に解放を、
目の見えない人に視力の回復を告げ、
圧迫されている人を自由にし、
主の恵みの年を告げるためである」。
イエスは巻物を巻き、係の者に返して席に座られた。会堂にいるすべての人の目がイエスに注がれていた。

現在のような背で綴じる製本方法でできた本は「コーデックス」と呼ばれますが、

これができるようになったのは随分あとの時代です（四世紀頃）。つまり、各書の順を換えることは容易なことではなかったのです。しかし、教父たちはどれが正典なのかだけでなく、その順序にも注意を払い、それを書き残しています。どの時点からかは別として、かなりの長い間、歴史を通して、キリスト教会はこの配列を大切にし、そこにある歴史哲学――救済史――をみてきたのは確かなのではないでしょうか。

## 「配列の神学」と聖公会

こうした聖書各書の配列自体がもたらす意味について、手前勝手な造語ですが、わたしはそれを「配列の神学」と呼んでいます。一つひとつの要素は変わらなくても、順番を変えることで意味合いが異なってくることは日常生活の中でも経験されることではないでしょうか。例えば、結婚披露宴や様々な式典では席順やスピーチの順番に注意が払われます。なぜなら、構成している「人」は同じでも、順番によって価値や意味合いが異なってくるからです。

実はこの「配列の神学」は聖公会員にとって、とても馴染み深いものといえます。わたしたちが手にしている祈祷書はまさに「配列の神学」に満ちているからです。神学生の頃、わたしはよく先生方から「聖公会の神学は特定のひとりの神学者の主張によってではなく、祈祷書に表現されているのだ」と聞かされました。正直なところ、その時はその意味がよくわかりませんでした。なぜなら、祈祷書には祈祷文は載っていますが、通常自分が思っているような論理的で神学的な所論は見当たりませんし、論文が書かれているわけでもないからです。

しかし、神学校を卒業してから何年も経ったある日のことです。とある礼拝学に詳しい先生に思い切ってこの疑問をぶつけてみました。「よく神学生のときに、聖公会の神学は祈祷書にあると聞かされたのですが、祈祷書をみると神学的な叙述らしいものは見当たりません。どういうところに聖公会の神学が表明されているのですか」。すると、その先生は「祈祷文の配置にあるのです」と教えてくださったのでした。一つひとつの祈祷文の内容が変わらないとしても、配置を変えることによってその祈祷文の持つ意味合いが変わってくるのです。

その一例として、聖餐式の「平和の挨拶」を取り上げてみたいと思います。この祈祷文のふさわしい場所は伝統的に「奉献」の直前か「陪餐」の直前のどちらかとされています。後者の場合、悔い改めとその結果である他者との和解が陪餐を受けるための条件であるかのような印象を与えます。しかし、現行の祈祷書（『一九九〇年祈祷書』）では前者の位置に置かれています（四頁参照）。それは世界の聖公会と歩調を合わせると同時に、この挨拶の前にある「懺悔」の位置の聖書的根拠となったマタイ福音書五章二三―二四節を重視してのこととされています。

だから、あなたが祭壇に供え物を献げようとし、兄弟が自分に反感を持っているのをそこで思い出したなら、その供え物を祭壇の前に置き、まず行って兄弟と仲直りをし、それから帰って来て、供え物を献げなさい。

## 正典化と聖霊

最後に、聖書の正典化と聖霊の働きとの関係についてお話ししてこの章を締めくくりたいと思います。本来は正典化の歴史を語る際には初めから常に聖霊の働きに言及すべきなのでしょう。しかし、それを同時的に叙述することはとても困難です。そこで便宜的に事実関係からお話ししたわけです。

実はキリスト教にとって、正典化の歴史をどう見るかは大きく意見のわかれるところです。正典成立史を聖霊の働きのみに帰する立場もあれば、まったく偶発的ないし、四世紀にローマ国教となって以来の、制度化し、官僚化した教会の政治的都合に帰する立場もあるのです。しかし、わたしたち聖公会はどちらの立場にも与《くみ》するものではありません。

聖霊の働きや霊感というと、個人的な神秘体験が連想されることでしょう。しかし、聖公会では個人の霊的体験を必ずしも否定はしませんが、どちらかといえば、共同体つまり教会を通して聖霊が働くこと、あるいは、共同体として霊感を受けたことを重視するといえるのではないでしょうか。そして、このような理解が原始教会、そして使徒的教会から継承されてきたものと確信しているのです。

こうした理解で聖書各書の成立から正典成立までを短くまとめると、次のようになります。キリスト教会は「聖霊の降臨」(ペンテコステ)によって生まれました(使二・一―一三)。したがって、教会は「聖霊の宿る社会」といえます。聖書記者たちは聖霊という賜物を神から受けた共同体の一員として霊感を受け、その召命に従って、それぞれの書を執筆ないし編集したのです。彼らの叙述の中には、確かに自身の個人的霊体験が含まれてもいますが、彼らが使命として受けとったのは、何よりも自分たちの属する教会全体に与えられた霊的経験を記述することでした。そして、原始教会は聖霊に導かれて、当時の種々の文書の中から聖書としてふさわしい文書を選択し、正典としたのです。*

塚田『イングランドの宗教』一四一頁参照。

### ◈「岩波訳」聖書の配列◈

岩波書店から出版された、いわゆる「岩波訳」聖書の配列には興味深いものがあります。四福音書の順番は「マルコ、マタイ、ルカ、ヨハネ」、パウロ書簡は真筆と認められる七書が最古の「一テサロニケ」を筆頭にならび、その他のパウロ書簡は「パウロの名による手紙」として七書の後に置かれています(「二テサロニケ」は「一」とは別に「パウロの名による手紙」の中に並んでいます)。* ここにはおそらく聖書の歴史的批判的研究の成果が反映されているのでしょう。これは発生史的ないし通時的方法ともいえます。つまり、古い年代ほど資料的価値が高いと

新約聖書翻訳委員会訳『新約聖書』岩波書店、二〇〇四年参照。

いった視点に立って配列されているのです。いずれにせよ、視点は異なるけれども、聖書の配列は現代の聖書学者たちにとっても見過ごせない重要な問題であることがわかります。*

また、「岩波訳」の旧約聖書は「Ⅰ 律法」「Ⅱ 歴史書」「Ⅲ 預言書」「Ⅳ 諸書」と分けられ、それぞれが合本になっており、この順序はより古い時代に遡りうるヘブライ語原典の配列に従っているとのことです。これもまた「ヘブライ語聖書」を一体的にとらえたうえで、最も原初的な形態に依拠しようという歴史批判的研究方法から来るものでしょう。

* 旧約聖書翻訳委員会訳『旧約聖書Ⅰ』岩波書店、二〇〇四年、「はしがき」参照。

## 4　聖書についてのいろいろな質問

ここで本書のタイトルに最もふさわしい、今さら聞けない聖書についての疑問に答えていくことにします。

## 聖書の登場人物は多い

聖書にはおびただしい数の人物が登場しており、これは聖書を読み進めるうえで高いハードルのひとつとなっています。暗記する必要はないと思いますが、聖書の系図や人物の関係を俯瞰できる出版物も出ていますので、それを横に置いて聖書を読むとわかりやすいでしょう。ただし、訳によって人名や地名が違うこともあるので、注意する必要があります。最近ではインターネットで「聖書 系図 人物」といったキーワードで検索すると、いくつもの図表がアップされていてたいへん便利です。ただし、なかには正確さを欠くものもあるようですので、監修者が誰であるかをチェックするなど気をつける必要はあるでしょう。アダムからイエスにつながる最もシンプルなラインだけを年表的な事項とともに図示してみました。

## イエス・キリストの呼称がたくさんある……

イエスの呼称はなぜこんなにたくさんあるのか――。

もし全部で幾つあるのかと問われたなら、わたしなどは頭を抱えてしまいます。「子」であれば、「子」「神の子」「人の子」を個別に数えるか、「子」は「子」で一つにまとめるかによって、いくつあるかも相当変わってきます。また、新約聖書では明確にイエスの呼称として語られているものもあれば、暗示されるだけのものもあり、旧約聖書を含めて「神」を指すものすべてを含めるのかどうか、詩編や預言書で暗示

◈聖書の主要人物と出来事

アダムとエバ
←
ノア
←
アブラハム
←
イサク
ヤコブ（イスラエル）
←
モーセ
←
ダビデ・ソロモン
←
マリア・ヨセフ
←
イエス
←
パウロ

〈天地創造〉
〈イスラエルの父祖たち〉
〈十二部族の連合〉
〈王国時代〉
南北王国分裂
北王国滅亡
南王国滅亡
バビロン捕囚
〈帰還・神殿再建〉
ローマ帝国の支配

されているものをどこまで含めるのか。とりあえず思いつくままに、代表的なものだけ挙げてみましょう。

「子」「神の子」「人の子」のほか、「独り子」「主」「キリスト（メシア）」「救い主」「小羊」「言《ロゴス》」「わたしはある」（ヨハ八・五八、出三・一四）、「神の力」「神の知恵」「光」「命」（一ヨハ一・二）、「真実の神」「永遠の命」「愛」「教会の頭」「初めの者」（コロ一・一八）、「弁護者」「大祭司」「全能者」「アルファでありオメガ」……。また、旧約聖書では「インマヌエル」「苦難の僕」「メシア」「牧者」「王」などです。

なお、こうした呼称はキリストの「属性」とも呼ばれます。つまり、その性質をあらわす呼称ということです。したがって、これらの呼称をみるときには、そうした呼び方であらわされている性質に着目すると、より深くそれらを味わうことができるのではないでしょうか。それに加え、いずれの呼称も直接、あるいは何らかの意味で、わたしたち人間とイエス・キリストとの関係が表現されています。例えば「わたしはぶどうの木、あなたがたはその枝である」（ヨハ一五・五）などはキリストと人間の関係をあらわす代表例と言えます。

### なぜ「宮清め」で暴力をふるったのか？

「宮清め」と呼ばれている記事で、イエスが暴力をふるったと書かれていますが、「愛のひと」であるイエスがなぜそうした行動をとったのでしょうか。新共同訳ではこの箇所に「神殿から商人を追い出す」という表題がつけられています（マタ二一・一二―一七、マコ一一・一五―一九、ルカ一九・四五―四八、ヨハ二・一三―二二）。

まず、イエスがここで行った「暴力」とは具体的にはどんな言動だったでしょうか。神殿の境内に入ってきたイエスは、そこで売買をしていた人びとを追い出し、両替商の台や、犠牲祭儀に用いる鳩を売る人たちの腰かけをひっくり返しました。そして、「わたしの家は『祈りの家』であるべき」なのに、「あなたたちは強盗の巣にしてしまった」と言います。ヨハネ福音書には次のように書かれています。

イエスは縄で鞭を作り、羊や牛をすべて境内から追い出し、両替人の金をまき散らし、その台を倒し、鳩を売る者たちに言われた。「このような物はここから運び出せ。わたしの父の家を商売の家としてはならない」。

（ヨハ二・一五―一六）

並行する記事が多いことから共観福音書と呼ばれるマタイ、マルコ、ルカの三つの福音書と比べると、かなり臨場感のある描写になっています。ヨハネ福音書は一章一―一八節の「ロゴス賛歌」に代表されるように、かなり観念的な叙述があることは前にも触れましたが、共観福音書よりも詳細で史的・具体的な描写もあります。この場面は一見すると、「敬虔な祈りと献げものがなされるべき神殿で商売をするとはなにごとか、けしからん、神への冒瀆である」とイエスが怒り、人びとを追い出したように映ります。そして、神殿は「祈りの家」なのに「強盗の巣」になってしまったという言葉と併せて考えれば、イエスは、敬虔主義者で厳格主義者であり、潔癖主義者であるかのようです。

しかし、人びとはここで物の売り買いをしこそすれ、物を盗んだりしているわけではありません。それなのに、なぜイエスは「強盗の巣」（共観福音書）とまで言っているのでしょうか。それを知るためには当時の神殿の様子を理解する必要があります。

「神殿」は、一大「総合工業（産業）施設」である。祭司たちやレビ人たちは忙しく立ち回り、石工たちは神殿の建物を維持する。毎年、何千という羊や牛がいけにえとして献げられ、祭司たちの所有となるその皮は鞣《なめ》され、仕立てられて輸出される。巡礼者たちが大勢来るので、食品業だけでなく「土産物」商売も大繁盛だ。巡礼者は、「第二の神殿税」として、その場で十分の一税と同じ金額を使わなければならないからである。

（エティエンヌ・シャルパンティエ『新約聖書の世界への旅』
井上弘子訳、サンパウロ、一九九七年、二八―二九頁）

神殿貴族である祭司たちは、こうした経済活動のいわば元締めでした。巡礼者たちの持っているのはローマの通貨、つまり異邦人の通貨で穢《けが》れているとされていましたから、神殿で使うにはユダヤの通貨に両替する必要がありました。そこで両替商が必要になりますが、彼らは現代からみれば法外な手数料をとっていました。そして、祭司たちは両替商や商人たちから場所代を取り、上前をはねて私腹を肥やしていたのです。また皮なめしの業者は獣や血に触れるのでやはり穢れているとされていました。仕事柄、律法を守ることができないため、神の救いの外にあるとされていたのです。

神殿は当時のユダヤの宗教の中心というだけでなく、政治・経済の中心であり、そこに社会の矛盾――政治的・経済的不正や弱者からの搾取――が構造化され、集中していました。これは（旧約）聖書に示されていた神の憐れみや愛の対極にある状況です。

イエスの言動の背景には、こうした事情があったのです。しかし、今日のわたしたちからみると、やはり違和感は拭えません。「愛のひと」であるとしたら、やはり暴力に訴えるのはよくないのではないか……。わたしたちが今日考える「愛のひと」とは、優しく、穏やかで、寛容なひとということになるでしょう。聖書にも「神は愛」（Ⅰヨハ四・八）とありますし、パウロの「愛の賛歌」（Ⅰコリ一三章）にあるように、愛は「忍耐強」く、「情け深い」のではないでしょうか。

他方、旧約聖書をひもとくと、神の愛は次のように形容されています。

主はその名を熱情といい、熱情の神である。

（出三四・一四）

聖書の神はそもそも「熱情の神」なのです（出二〇・五、申四・二四、五・九、ヨシュ二四・一九他）。大変興味深いのは、この「熱情」は口語訳*では「ねたみ」と訳されていることです。それは自ら選んだ民イスラエルへの「偏愛」といってよく、現代のわたしたちにとっては、いわば劇薬とも言えそうな、強烈で、狂おしいまでの愛なのです。それはまさに「火」のようなもので（申一・二四）、わたしたちが安易に触れたり、掌中におさめたりすることのできない愛といえるでしょう。

新約聖書の「愛」に戻れば、ヨハネの手紙一では先ほどの「神は愛だからです」に続けて、神が独り子を世に遣わしたのは「わたしたちが生きるようになるため」と言われており（二・九）、ヨハネ福音書も「神は、その独り子をお与えになったほどに、世を愛された」（三・一六）と語ります。

ところで、共観福音書では「神殿から商人を追い出す」という記事はいずれもイエスのエルサレム入城後に置かれています。ユダヤの辺境ガリラヤで神の国の宣教を行い、病人を癒されたイエスは、十字架に架かるためにエルサレムに入られました。一方、ヨハネ福音書では「カナの婚宴」（二・一―一二）の直後に位置しており、イエスの宣教活動のはじめに置かれています。つまり、イエスの宣教のしめくくりに位置づ

口語訳
一九五五年に日本聖書協会から刊行された日本語訳聖書の通称。

けられている共観福音書とは対照的な位置なのです。共通しているのは、いずれも十字架上での死と密接につながっていることです（ヨハネではこの出来事そのものが十字架上の死と復活の予告となっています。ヨハ二・一九―二二参照）。そして、この事件がイエス逮捕の直接的きっかけとなったことが史実としても広く認められています。

イエスの「神殿から商人を追い出す」という行動は敬虔主義や厳格主義、潔癖主義ゆえというより、人間への熱情的な愛から発するもので、直接的にご自身の逮捕につながり、十字架刑へと至るものでした。人びとの間での暴力でしたが、実はそれはイエス自身が人間の暴力によって殺されるためだったのです。そこに「熱情」の中心があります。

「愛の賛歌」に謳われている内容は、パウロやわたしたちに先だって、「宮清め」の事件においてイエスが生きられた現実であり、ヨハネが証言する神の愛も、この事件から「その独り子をお与えになった」こと（つまり十字架上の死）へと収斂していきます。それはヨハネ福音書の言葉でいえば、「独り子を信じる者が一人も滅びないで、永遠の命を得るため」であり（ヨハ三・一六b）、別の言い方をすれば、人間の罪が贖われ、赦されるためでした。

わたしたち人間が容易に触れ得ず、手にすることのできないような熱情的で狂おしいまでの愛が、キリストの十字架において示されなければなりませんでした。それほどまでに、わたしたち人類の業《ごう》というか、罪が深いということでもあるのではないでしょうか。

## ゲツセマネでの祈りは誰が聞いていたのか

イエスは逮捕される直前、ゲツセマネというところで祈りました（マコ一四・三二―四二、マタ二六・三六―四六、ルカ二二・三九―四六）。しかし、イエスが祈るあいだ、弟子たちは眠っていました。いったい誰がイエスの祈りの内容や様子を知り、それを伝えることができたのでしょうか。

どの注解書もこの疑問には直接答えず、ここには教会の神学的・教化的意図があると指摘されています。例えば、弟子たちが眠っていたこと（マコ一四・三七）は「神の国到来に先立つサタンの攻撃（誘惑）に対して注意して祈れという終末論的な勧告」（黙三・一〇、マタ六・一三、ルカ一一・四）という意図があり、弟子たちが目を覚まして祈らなかったゆえに誘惑におちいり、「イエスを見捨てて逃亡したり（マコ一四・五〇）、イエスを否認したりした（マコ一四・六八、七〇、七一）のだと述べ、読者に警告を与えようとしている」といった解説があります。*

しかし、イエスの祈りにおける葛藤は史実だろうと推測されています。この箇所はヨハネ福音書一二章二七節（一八章一一節b）、ヘブライ人への手紙四章一五節、五章七―八節で前提されており、祈りの前半部分にある弱音を吐いているような内容が「神の僕」や「すばらしい奇跡行者」「神的主」といったイメージとは程遠いからです。

*『新共同訳 新約聖書注解Ⅰ』川島貞雄他編、日本基督教団出版局、一九九一年、二四六頁以下。

超越的な力を持つ人物であることを前面に出したいのであれば、弱さを露呈させた描写は都合が悪いはずです。それにもかかわらず、この部分が採用されているのですから、実際にイエスが祈られたものである可能性がきわめて高いというわけです。ただし、この祈りの記事はまず単独で存在し、それが伝承の過程で拡大され、現在のような物語のなかに位置づけられたと考えられるようです。

誰が目撃したのかについては、伝承も福音書記者も関心を持っていないようです。前にも述べた通り、著者が誰かよりも内容に関心をもっていた古代人の傾向と似たものかもしれません。「誰が見ていたのか」よりもイエスが何と祈られたのかの方が重要で、それがわかれば十分だったのでしょう。また、「誰が目撃していたのか」と言いたくなるような箇所はここだけではありません。例えば、荒れ野の誘惑の記事（マコ一・一二―一三、マタ四・一―一一、ルカ四・一―一三）ではイエス以外にはサタンや野獣しか登場しません。

ところで、考えてみれば聖書は、信仰と歴史と神学とが入り混じった書ということができます。二〇世紀以降の様式史方法など聖書にたいする歴史批判的な研究方法は、こうした信仰と歴史と神学とを選り分けようとする取り組みと言えます。例えば「史的イエス」*研究では、当初「史的イエス」を浮き彫りにしようという期待のもとその作業が進んでいきました。ところがその期待とは裏腹に、初代教会の生活の諸相をある程度は明らかにしたものの、結果的に「史的イエス」についてはほとんど知り

史的イエス
信仰者の中に生き続ける存在としてのイエスではなく、十字架に至るまでの生前のイエスを指す。「史的イエス研究」とは、その歴史的研究を意味する。

えないという結論に至らざるをえませんでした。

ここまで考えてきたとき、わたしはイソップ童話の「金の卵を産むニワトリ」の話を思い出しました。金の卵を産むニワトリを飼っているおじいさんが毎日そのニワトリが産む金の卵を売って生計を立てていました。ある日、おじいさんは「毎日金の卵を産むのだからその腹のなかは金が詰まっているに違いない。その金を得れば大金持ちになれる」と思い、ニワトリの腹を割いてしまいます。しかし、割いてみると、他のニワトリとなんら変わりはなく、腹のなかのどこにも金はありませんでした……というお話です。

この童話は欲張ってはならないという警告として語られているようです。しかし、わたし自身は、この童話をある種の近代主義批判や科学主義批判として聞いてしまいます。欲しいところだけ切りとって手に入れたくなるわたしたちですが、全体性を通してこそ伝わるものがあるのです。聖書の全体性とは正典であり、それを通して神の救済の歴史と未来への展望がわたしたちへ伝えられているのです。

## 福音書それぞれの特徴

「どの福音書が好きか」と聞かれたら、どう答えるでしょうか。それに答えるには、それぞれの福音書にどのような特徴があるのか、それぞれの違いがわからないと答えることはできないでしょう。

次頁で紹介しますように、古代以降、四つの福音書それぞれに伝統的にシンボルが当てはめられてきました。それは各福音書の冒頭部分から採られたイメージでした。各福音書の特徴については、その福音書が誕生したときの教会の状況や時代背景、社会的背景の違い、神学や思想的特徴など、かなり多様な把握の仕方があり、その福音書を見る視点やアプローチによって様々なとらえ方が考えられます。

ここでは、各福音書が想定している使信の受け手に応じたそれぞれの特徴について簡潔に述べたいと思います。ただ、使信の受け手といっても、その福音書が書かれた当時の具体的な相手というわけではありません。各福音書の内容的特色に見られる人間観に注目した違いと考えていただければと思います。

まず使信の受け手が「個人」か「集団」（共同体）かを考えると、個人を想定しているのはマルコとヨハネ、集団を想定しているのはマタイとルカと言えそうです。

マルコ福音書はイエスの地上での「神の国」宣教の生涯に着目し、福音のためにどのように働いたらよいかを個々の人に問いかけています。

ヨハネ福音書は読む者に「いま、あなたはキリストを信じるか」という信仰的決断を読むたびごとに要求してきます。

マタイ福音書はどうでしょうか。例えば、「『毒麦』のたとえ」（マタ一三・二四―三〇）に見られるように、当時、マタイの教会内に生じていた「悪」にどう対処するかについて混乱があり、その集団ないし共同体そのものに規範が必要とされていまし

### ◆四福音書のシンボル（エゼ一〇・一四、黙四・七）

| | マタイ | マルコ | ルカ | ヨハネ |
|---|---|---|---|---|
| 黙示文学的シンボル | 翼のある人 | 翼のあるライオン | 翼のある牛 | ワシ（出一九・四） |
| シンボルの意味 | 人間性、理性 | 忠誠、勇気、復活 | 犠牲、力 | 空、天国、霊 |
| テーマ | キリストの人性 | 王としてのキリスト | 祭司と犠牲としてのキリスト | キリストの聖性 |
| 福音書の冒頭部分 | アブラハムからはじまるキリストの系図 | 荒野で叫ぶライオンのような洗礼者ヨハネ | ザカリヤの神殿でのつとめ | ロゴスとしてのキリスト |

下の図版はW・E・ポウスト『キリスト教シンボル・デザイン事典』（木寺廉太訳、教文館、二〇〇七）より。

マタイ

マルコ

ルカ

ヨハネ

た。そこで集団、共同体、教会として、何を正しいこととして大切にするかにアクセントが置かれています。

ルカ福音書も共同体が受け取るべき使信を強調していますが、その集団が置かれている「時」に注目しました。マルコ福音書が成立したとされるエルサレム神殿崩壊直前の頃に比べると、終末が到来するという切迫感が失われており、いわば「中だるみ」の状態にある時代にルカ福音書は成立しました。そこで、ルカは時代を「イスラエルの時」（洗礼者ヨハネまでの旧約預言者の時代。ルカ一六・一六参照）、「イエスの時」（イエスの誕生から昇天まで）、「教会の時」（イエス昇天から現在まで。使徒言行録）と三つに区分し、「イエスの時」を救いの歴史が新たに開始された歴史の中心ととらえ、読者たちが「教会の時」をどう生きるかについて繰り返し語りかけます。もちろん、こうした把握の仕方は一例に過ぎません。ほぼ同じ絵を並べてする間違い探しのように、福音書を読み比べてみると、思わぬ発見があります。*

最後に、「どの福音書が好きか」という問いへの答えですが、わたしなどは自分の洗礼名がヨハネだというただそれだけの理由で、なんとなくヨハネ福音書がずっと気になっています。いつかじっくりその深みに分け入ることができればと思ったりしています。とはいえ、ある福音書が好きになるのは「自分のことが書かれている」と思える箇所と出会ったときなのではないでしょうか。それは福音書の語る事柄と自分の状況が似通っているときに起こりやすいことでしょう。その日の服装を選ぶときなど

＊クルト・アーラント『四福音書対観表　ギリシア語―日本語版』川島貞雄・荒井献監修、日本キリスト教団出版局、二〇〇〇年参照。

によく「ＴＰＯに合わせて……」と言われますが、福音書は少なくとも四つのＴＰＯを用意してくれているといえるのかもしれません。

## どう読む？　パウロ書簡

パウロの手紙は特定の時代の特定の教会に宛てた手紙です。パウロはそれぞれの地域の教会で起こった個別具体的な問題に、いわば処方箋を書き送っていましたが、それが広く読まれるようになったということです。そのため、現代のわたしたちが直面している個別具体的な問題とは重ならないのではないかと心配になるかもしれません。

確かに、ある意味その通りだろうと思います。しかし、そうした書簡が正典とされて定着するまでに、かなりの時間の経過があり、信仰共同体による取捨選択がなされ、教会はそこに聖霊の働きをみてきたのでした。言い換えれば、パウロの書簡で取り上げられた主題が時代ごとに、いまを生きる自分たちの課題ととらえられてきたということです。特殊な状況に集中することで、かえって普遍性が獲得されるということがあるのです。

例えば、「一つの体、多くの部分」（Ⅰコリ一二・一二節以下）などは現代の教会にとっても実践的な指針を与えてくれているのではないでしょうか。仮に教会内の人間関係において、また教区が教会に対して、ある部分を心なく切り捨てるような状況に

## ◈パウロの活動と書簡の執筆時期・場所

| 年 | 出来事 | 滞在 | 書簡執筆 |
|---|---|---|---|
| 47 | | 伝道旅行① | |
| 48 | 使徒会議 | エルサレム | |
| 49 | | 伝道旅行② | |
| 50 | | ←コリント | Iテサロニケ　（Ⅱテサロニケ） |
| 51 | | ← | |
| 52 | | 伝道旅行③　←エフェソ | |
| 53 | | ← | ガラテヤ　Ⅰ・Ⅱコリント |
| 54 | | ← | フィレモン　フィリピ |
| 55 | | ← | |
| 56 | 逮捕 | エルサレム | ローマ |
| 57 | | ← | |
| 58 | ローマへ護送 | ローマ　← | |
| 61 | 殉教 | ← | |

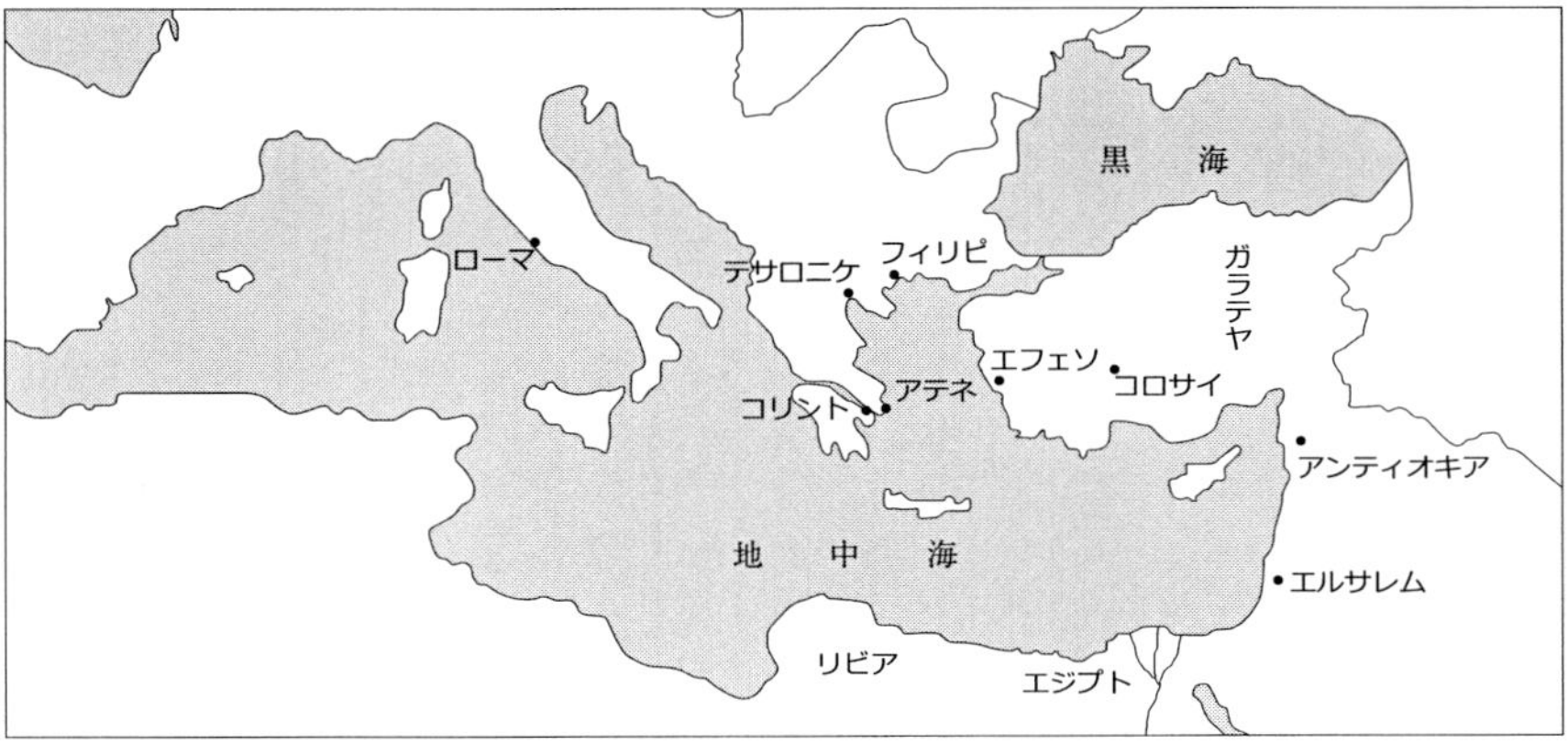

あるとします。そのとき「目が手に向かって『お前は要らない』とは言えず、また、頭が足に向かって『お前たちは要らない』とも言えません」（Ｉコリ一二・二一）は、かなりの現実性をもって迫ってくるでしょう。教会にはさまざまな奉仕者がいますが、一二章二七節以下はそれぞれの賜物を尊重するよう勧めています。二六節の「一つの部分が苦しめば、すべての部分が共に苦しみ……」も、教会や教区のなかでぜひわかち合いたいみ言葉です。

## ヨハネの黙示録はなぜ理解が難しい？

「ヨハネの黙示録」への評価が長く分かれていたことには前にも触れました。古代や中世のひとたちにとっても理解や評価が難しかったようです。昔のひとにも黙示録は難解だったかと思うと少しほっとします。

「黙示」という語はギリシア語ではアポカリュプシスといい、「啓示」の意味もあります。動詞形アポカリュプトーは「覆われていたものの覆いがとれて、しだいに中身が露わになる」という動きをあらわしています。その語があらわしているように、黙示録には間接的・象徴的表現が多く、具体的に何を指しているのかがわかりづらいのです。難解なのも無理のないことなのです。

では、なぜそうなっているのでしょうか。その背景には、当時の教会へのローマ帝国による迫害という危機的状況があります。その内容は次のように要約できます。

◎ローマ帝国の迫害により、すでに殉教の血は流された（二・一三）。
◎皇帝礼拝の強要、その礼拝に仕える体制内の祭司やニセ預言者（一六・一三、一九・二〇、二〇・一〇）たちとの前哨戦は始まっている（二・一〇）。
◎やがて決戦となり、彼らは小羊に戦いを挑む。しかし「小羊」「王の王」「主の主」つまり十字架に架けられたキリストと、召された忠実な者たちとが勝利を得る（一七・一四、五・五―六）。

このように、殉教の危機にあっても信仰を貫いて勝利するよう、キリストの贖罪死によって救われた者を励ますという内容になっています（一四・一三）。黙示録は迫害下の信徒を激励する手紙であるとともに預言書であり、新約聖書の他の手紙同様、特定の状況下、特定の目的をもって綴られた信仰の書ということができます。

象徴的表現が多いのは旧約聖書以来の黙示文学の伝統を受け継いでいるということもありますが、迫害という状況の中、当局に見つかるとまずい内容が容易にはわからない暗号のような言葉で表現されました。そうした表現は、例えばローマ帝国を「大バビロン」と呼んだり、皇帝ネロをキリスト教徒を迫害する獣（一三・一―一〇）の名「六六六」であらわすといったところにみられます。黙示録が難しいのは、こうした事情があるからなのです。あえて理解しづらくしていると言ってもいいのではないでしょうか。

## 「教会の天使」とは誰のことか

黙示録が「手紙」であることには先ほど触れました。一章の「序文と挨拶」の後、アジア州*にある七つの教会*への手紙が始まります。ただし、それは教会に宛てられたものではなく、「教会の天使」が宛先となっています。ここでいう「天使」は一般に想像されるような、いわゆる「エンジェル」ではなく、普通の人間の使者を意味し、各集会の長老や預言者的指導者を指すという理解が昔からあります。原語の「アンゲロス」のもともとの意味は「使者」なのです。

しかし、黙示録全体を見ると、この「天使」の理解はやや直接的にすぎるということになります。黙示録の世界観では、地上の目に見える教会よりも天上界の教会が本質的な教会であり、地上の教会はむしろその映しといった感覚があります。教会とは単なる地上的・人間的機関のことを指すのではなく、永遠の世界の現実に参与している集団です。天上界における「教会の天使」への伝達に対応するものが地上で起こっており、ヨハネの教会のメンバーは「教会の天使」に語りかけられたそのメッセージを間接的に「もれ聞く」ということなのです。*

このようなわけで「教会の天使」がどういう人なのかを言うことはできないのですが、主から送られたメッセージを媒介する存在ということはできるでしょう。

アジア州
小アジア。現トルコの西岸地方。

七つの教会
エフェソ、スミュルナ、ペルガモン、ティアティラ、サルディス、フィラデルフィア、ラオディキアの七つの教会（黙一・一一）。

M・E・ボーリング『現代聖書注解ヨハネの黙示録』入順子訳、日本基督教団出版局、一九九四年、一四三―一四四頁。

## 最初の日本語訳聖書とは?

聖書は今では当たり前のように日本語で読まれていますが、聖書を最初に和訳したひとはどうやって翻訳したのでしょうか。最初の和訳聖書は日本人初のキリシタン、ヤジロウの手によるもののようです。彼自身が記したイエズス会総長イグナチオ・ロヨラ宛の書簡には以下のように記されています。

パアドレ（＝神父）方のお蔭を蒙り、私をして主の御事を心に銘ぜしめ、またこのような短期間に読み書きはもとより、かくも尊い教理《ドチリナ》を受け容れる能力をもたしめ、またサン・マテヨのエワンゼリヨを日本文字で書きしたため……。
（海老澤有道『日本の聖書』講談社学術文庫、一九八九年、二九頁）

ザビエルら宣教師はヤジロウを日本布教の先駆者とすべく教理教育をはじめとする修練を施しました。そこで習得した教理やラテン語の知識を用いて、彼は最初の和訳聖書「サン・マテヨのエワンゼリヨ」（マタイによる福音書）を翻訳しました。一五四八年の秋頃のことです。

この「ヤジロウ訳」は残念ながら現存していません。また、マタイ福音書の全訳だったのか抄訳だったのかもはっきりしません。しかし、邦訳の苦労はわたしたちの想像をはるかに越えるものであったことでしょう。「デウス」（神）を「大日」と訳してザビエルを困らせたという話も残っています。聖書の各用語の定訳がない当時は、仏教用語を媒介とせねばなりませんでした。例えば、「パアドレ」（司祭、神父）は「僧」、「パライゾ」（天国）は「浄土」といった具合です。また、中国では明代に儒教の概念が用いられ、明治初期の日本ではプロテスタントたちが陽明学の「上帝」として「神」を理解していました。

最初の四福音書の和訳はザビエルとともに来日し、日本語に堪能だったフェルナンデスによるものですが、これも残念ながら焼失して現存しません。同僚のフロイスは一五六三年、肥前（長崎県）度《たく》島の教会の火災について次のように記録しています。

> 彼ら（パアドレら）をもっとも悲しませたものは、イルマン・ジョアン・フェルナンデスのノートが無惨にも失われたことである。長年を費して彼はこれらを日本語に書いたのであった。その中には、すべてのエワンゼリヨス（福音書）と、年中の日曜のための説教、使徒信経《ケレド》、主祷文《パーテル・ノーステル》（「主の祈り」）、アベマリア、十誡《マダメントス》、などの解説、及びその他のきわめて必要な事柄を翻訳したものが含まれていた。
>
> （海老澤、前掲書、三六頁）

聖書の初めての邦訳の背後には、日本宣教に乗り出そうとしていたローマ・カトリック教会の熱心な日本および日本語の研究があったことが窺えます。

**聖書の見出し**

新共同訳では口語訳にはなかった小見出しがつけられています。詳しい経緯はよくわかりませんが、新共同訳聖書のはじめの方に載っている「凡例」の「四　小見出し」には「本文の内容区分ごとの概括的な理解を助ける趣旨から、一部の書を除き、小見出しをゴシック体で示した。小見出しは本文ではない」と記されています。

また、新共同訳で用いられた原典（「底本」）のうち、旧約聖書の底本「ビブリア・ヘブライカ・シュトゥットガルテンシア」（ドイツ聖書協会刊）には見出しは付されていません。一方、新約聖書の底本として用いられた「ギリシア語新約聖書（修正第三版）」（聖書協会世界連盟）を見ると、英語で小見出しが付けられており、新共同訳の小見出しはこれを参考にして作られたように思われます。

**日本語聖書と新しい翻訳**

ここで簡単に現在使用されている主な和訳と二〇一八年末に刊行予定の新翻訳を紹介します。まずは、一九五五年に完成した『口語訳』（日本聖書協会）。聖書学の急速な進歩はもちろんのこと、戦後の現代かなづかい、当用漢字の制定などを受けた、初めて日本人聖書学者の手になる和訳聖書です。なお、次に紹介する「新共同訳」が出された後もこの「口語訳」は、その翻訳の水準の高さから、あるいは、ある年代以上の方々には長年親しまれたことから、現在でもある程度広く愛用されています。

そして『聖書 新共同訳』（日本聖書協会）です。現在、教派を超えて礼拝でも広く用いられ、日本で最も普及しているのがこの聖書です。ローマ・カトリック教会とプロテスタント諸教会が合同で翻訳、一九八七年に出版されました。

ところで、この「新共同訳」の前に同じ日本聖書協会から「共同訳」が一九七八年に出版されています。これは主として非キリスト者の読者を念頭においてなされた翻訳でしたが、後に翻訳方針が変更され、前出の「新共同訳」が刊行された経緯があります。現在では入手困難ですが、当時の翻訳理論に基づく大胆な意訳が施され、聖書研究の際に併せて読むと意外な発見があるかもしれません。

またローマ・カトリック教会の関係では二〇一一年にそれまでのフランシスコ会訳をひとつにまとめ用語等を統一したフランシスコ会聖書研究所訳『聖書』（サンパウロ）があります。特徴の一つは脚注ですが、本文、注釈ともに学的にも定評のある邦訳聖書です。学的に、ということでいえば本書86～87頁のコラムでもふれた「岩波訳」も外せません。これもまたカトリックからプロテスタントまで教派を超えた一線の聖書学者の手になるものですが、特定の教派の信仰理解を前提しない、つまり各翻訳者の「個性」が全面に出ている他、脚注も充実しています。

他には福音派系の教会でそれまで広く使われてきた「新改訳」が全面改訂された日

本聖書刊行会訳『聖書 新改訳2017』（日本聖書刊行会）が二〇一七年に出版されています。

最後に新翻訳の聖書についてです。二〇一〇年から開始された翻訳作業もいよいよ大詰めとなり、二〇一八年末には『聖書　聖書協会共同訳』（日本聖書協会）が出版されます。「新共同訳」と同様ローマ・カトリック教会とプロテスタント諸教会の一八の教派・団体が参加しています。これまでの意訳か直訳かという翻訳方針の対立を越えて、「礼拝で朗読されること」を主目的としている他、新共同訳以後四半世紀の聖書学の研究成果が活かされています。また、新共同訳の改訂ではなく原典からの新たな翻訳であると同時に、従来の「口語訳」や「新共同訳」をはじめ聖書和訳の歴史とその業績を踏まえた翻訳とされています。やはり脚注が付けられ、関連する他の聖書箇所を示した引照も充実しています。

詳しくはすでに頒布されているパンフレット「聖書 聖書協会共同訳（特徴と実例）」か、「日本聖書協会ホームページ」（http://www.bible.or.jp/）をご覧ください。なお前者のパンフレットは同ホームページからもダウンロードできます。また聖書翻訳および和訳の歴史もトップ・ページの「聖書を知る」タブから詳しく知ることができます。

# 第2章

## 今さら聞けない!?

# 聖書朗読

# 1　聖書日課について

## なぜ「聖餐式聖書日課」を使うのか

ローマ・カトリック教会、ルーテル教会、そして聖公会といった典礼的な教会では、日曜礼拝（聖餐式）で聖書朗読する箇所を定めた「聖書日課」というものがあります。聖公会では、教会暦に準じた特祷（その日の礼拝の主題をあらわす）に合致する聖書箇所が編集された「聖餐式聖書日課」が用いられています。「聖書日課」は、見ようによっては現代的な利便を考えて作られた聖書の簡略版に見えなくもありません。しかし、その歴史は意外に古く、現代の聖書日課につながるものは宗教改革時代くらいにまで遡ります。四世紀頃には日によって礼拝で読まれる箇所が定められるようになっていたようで、遅くとも六世紀初め頃には、教会暦に基づいて礼拝、とくに聖餐式で朗読される聖書箇所を定めた「ペリコーペ*」が作られました。

中世になると、修道院での日に七回（数え方によっては八回）の祈り（時祷）に割り当てられた日課は、その一つひとつが極めて短い断片的なものになるのですが、次第

ペリコーペ
ペリ・コペー（ギリシア語「周りを切り落とすこと」の意）に由来。ある文書の短いセクション、節を表す用語として古代から用いられてきた。聖書学的には、研究対象となる一単位を指す（新共同訳聖書における、見出しがつけられている段落に相当）。

した。
に聖人伝や伝説などがこれに代わるようになり、聖書全体の通読は行われなくなりま

一六世紀の宗教改革時代に入ると、ローマ・カトリック教会のキニョーネス枢機卿らが聖書日課の改革に乗り出します。これに基づいて英国宗教改革の立役者クランマー大主教が「第一祈祷書」を編纂する際に聖書日課を組み立てました。このときに留意されたのは、国民が自国語で聖書を聞き、読めるようにすること、週日日課では旧約聖書と続編を一年に一回、新約聖書を三回通読できるようにすることでした。また、主日聖餐式の日課は、中世のローマ用式とほぼ同内容で、中世英国のソールズベリー教区で使用されていた「セイラム用式」を基に作られました。なお、「聖餐式聖書日課」で選ばれている聖書箇所は基本的に「旧約聖書」「使徒書*」「福音書」の三部構成になっています。西方教会では、六世紀初め頃には聖餐式で「旧約聖書」は読まれなくなったのですが、このセイラム用式も「使徒書」と「福音書」だけからとられ、日本聖公会の「一九五九年祈祷書」もそれを踏襲していました。一方、国教会に反対するプロテスタント教会は、説教は聖書全体をもれなく語るものと主張し、ペリコーペを捨てることとなりました。しかし、近年ではプロテスタント諸教会も聖書日課の意義を再検討したり改善したりする傾向にあります。

さて、二〇世紀に入ると「礼拝改革運動」（リタージカル運動）が進展し、同時期に長足の進歩を遂げていた聖書学の成果が多方面に影響を与えましたが、そのインパク

使徒書
聖公会の「聖書日課」においては、使徒言行録からヨハネの黙示録まで、つまり、福音書以外の新約聖書のすべての書を指す。

トは聖書日課にも及びました。その一つは聖書を歴史的にとらえたことから来るものです。つまり、神の救いを旧約聖書から新約聖書を貫く神の救済の歴史、つまり「救済史」ととらえることに重きを置いたということができます。従来使用されてきた一年周期日課では、主日礼拝において旧約聖書が重視されていなかったばかりか、聖書の重要部分のほとんどが網羅されていませんでした。また、明確な主題をもつ期節*、すなわち特定の祝日（祭色でいえば「緑」以外の期節）においても、使徒書と福音書の内容が連動していない場合もあったのです。こうしたことへの不満が、聖書学の発達によって、神の救済史と年間の教会暦上の期節を関連づけ、礼拝そのものを改革する動きとして聖書日課の選び方にも反映されたということができます。

　こうして二年ないし三年周期の聖書日課が編成される機運が高まりました。ローマ・カトリック教会においては第二バチカン公会議*を受けて一九六九年に作成された「ミサの聖書朗読配分」が三年周期聖書日課の先駆けということができます。この聖書日課は全世界のローマ・カトリック教会のみならず、各国聖公会のほかプロテスタント諸教会にも影響を与えました。日本聖公会では祈祷書を現在の「一九九〇年祈祷書」に改正した際、一九七九年改正のアメリカ聖公会祈祷書から採られた三年周期の聖餐式聖書日課に変更となりました。聖餐式聖書日課が現在のような別冊の体裁となったのはこの時からです。一年周期の「一九五九年祈祷書」ではペリコーペは祈祷書のなかに収められていたのです。

**期節**
復活日（イースター）、聖霊降臨日（ペンテコステ）、降誕日（クリスマス）を中心とする教会暦に定められたシーズン（〔 〕内は祭色）。降臨節〔紫〕に始まり、降誕節〔白〕、顕現節〔白〕、大斎節〔紫〕、復活節〔白〕、聖霊降臨後の節（三位一体主日から降臨節直前の主日まで）〔緑〕がある。

**第二バチカン公会議**
一九六二―一九六五。教会生活の刷新と、その教え、規律、組織の現代化とともに、キリスト教徒の一致を目指して開催された。公会議史上初めて全大陸から司教が参加し、カトリック以外のキリスト教会の代表者もオブザーバーとして招かれ、参加者総数は二八六〇名にのぼった。

すでに古代において、礼拝では教会暦に基づいた特定の聖書箇所が抜粋されて朗読されていました。聖餐式聖書日課を通常礼拝で用いるのは、利便性もあるでしょうが、もともとは祈祷書の一部だったからとも考えられます。現在でも祈祷書のなかに日課表は配されています。もちろん聖書そのものを使ってはいけないわけではありません。

しかし、教会暦に連動した聖書日課はそれを編纂したクランマーの意図からもわかるように、（修道院の中だけでなく）すべての民が日常生活の中で霊的生活に与《あずか》ること、年間を通して神の救いの歴史を意識しながら、み言葉を万遍なく学べるようにするという教育的配慮に満ちたものであるということは心にとめておく必要があるのではないでしょうか。

**聖書日課が三年周期になったのは……**

「一九五九年祈祷書」の聖餐式聖書日課が一年周期であったことは先に述べました。一九六〇年代まではそれが世界的な状況でした。しかし、「礼拝改革運動」（リタージカル運動）や、それと密接に関わる聖書学の進歩によって、一年周期の不備が指摘され、聖書の網羅的な朗読、特定の期節における使徒書と福音書の連動性と旧約聖書朗読の回復などの改正をする方向へと進みます。一九七〇年代以降、三年周期に変わったことで聖書の選択の幅が広がりましたが、それは量的な問題というよりも、より多様な箇所が朗読されることで礼拝を豊かにしようという動機のほうが大きかったといえるでしょう。

聖書日課では教会暦上の期節ないし各主日の意図を「特祷」が示し、それに合致した福音書の箇所が選択されているのですが、三年周期になったことで、基本的にA年はマタイ、B年はマルコ（そしてマルコを補う形でヨハネ）、C年はルカというように、バランスよく各福音書を配することができるようになりました。

なお、日課で〔　〕に括られた部分は省略してもいいことになっています。省略の条件に特に定めはありませんが、その日の説教が言及する聖書本文の範囲など、さまざまな点が考慮されることになります。

### どのように聖書箇所は選ばれているのか

どのようにして各主日の聖書箇所が選ばれているのでしょうか。教会暦に即して、福音書を中心に選択されていることはすでに見た通りです。では、旧約聖書と使徒書はどのような観点で選ばれているのでしょうか。

基本的には、イエス・キリストの出来事が語られる福音書を「原型」として、その「予型」にあたる旧約聖書の箇所が選ばれ、「対型《ついけい》」が使徒書となるように選択されています。

「予型」とは、ローマの信徒への手紙五章一四節に典型的に示されているように、キリストの出来事がすでに旧約聖書で前もって示されていたとする考え方です。この箇所には「このアダムは、来るべき方を前もって表す者」とあります。「来るべき方」は言うまでもなくイエス・キリストを指しています。そう考えると、「予型」と「原型」との関係は「約束」と「成就」の関係ということもできます。「対型」には「反対の」型という意味もありますが、ここではむしろ「対応する」型と理解した方がいいでしょう。

なお、三年の間に聖書のすべての箇所が朗読されているかというと、そうとはいえません。一年周期に比べれば、かなり網羅的になりましたが、主日（日曜日）は年に五二回ほどしかありませんので、三年あったとしても聖書のすべてをカバーすることはできません。聖餐式聖書日課に比べれば、週日聖書日課は聖書の大部分を収めていることになりますが、それでもすべての聖書箇所というわけではありません。

## 主日礼拝での旧約聖書朗読

現在行われている主日礼拝での旧約聖書朗読はかつてはありませんでした。それはなぜでしょうか。厳密にいうと、英国の「第一祈祷書」（一五四九年）以来の習慣で、日本聖公会の「一九五九年祈祷書」でも使徒書の代用として旧約聖書がわずかながら用いられていましたが、旧約聖書・使徒書・福音書という明確な位置づけの中で旧約聖書朗読が主日に行われるようになったのは現行の「一九九〇年祈祷書」からです。

旧約聖書の朗読が行われるようになった理由としては、旧約聖書を軽視する姿勢への反省が挙げられます。それまで、聖書については、新約聖書をとりわけ重視し、旧約聖書を「旧い契約」として二次的なものととらえる傾向がありましたが、旧約・新約を通して神の救いの歴史が示されているとして、旧約と新約を一体的にとらえる立場がとられるようになり、聖書理解における強調点が「個人の魂の救い」から「共同体の救い」へと移りました。その影響から、礼拝学においても、聖餐式での陪餐重視（個人の魂の救済）から聖餐式全体を神の救いのドラマとして（そして共同体の救いとして）ダイナミックにとらえる立場へと変化が生じました。このことは教会暦だけでなく、聖餐式における聖書朗読においても「神の救いの歴史」としての聖書理解を重視するようになったことと連動しているのです。なお、現在の祈祷書では、聖餐式の詩編、つまり旧約聖書朗読後の詩編は「用いてもよい」とされており、読む（歌う）かどうかは選択できるようになっています。これについては「現在の日本聖公会祈祷書では旧約聖書朗読そのものが選択肢なので、その後の詩編も選択肢になっている」と説明されています。*

**復活節には旧約聖書朗読を使徒言行録に代えることができる**

聖書日課改正の動きの中で旧約聖書朗読の回復が重視されたのに、復活節ではむしろ旧約聖書朗読をしない選択が与えられています。なぜでしょうか。

* 吉田雅人『今さら聞けない⁉キリスト教――礼拝・祈祷書編』（ウイリアムス神学館叢書Ⅰ）聖公会出版、二〇一五年、一六九頁。

『祈祷書解説』には「特に復活節には、主の復活の秘義に直接に続く使徒行伝が朗読される」とあります。* キリスト教はユダヤ教から多くを継承しており、旧約聖書を正典としていますが、キリストの「復活」はユダヤ教とキリスト教を分かつ決定的な点です。

先に述べたように、第一朗読は「原型」である福音書に対する「予型」です。旧約聖書はイエスを来るべきメシア（救い主）と予示していると言えますが、どのようにそれが成就するかは旧約聖書には書かれていません。つまり、キリストの復活を予示する箇所は旧約聖書にはなく、キリストの復活を祝う復活節という暦の特質を考えると、旧約聖書を「予型」として選択するのが難しいのです。しかし、旧約聖書の朗読を選択できないわけではなく、旧約聖書朗読の回復という聖書日課改正の方針が尊重されていると言えるでしょう。

なお、復活節に使徒言行録を朗読するという習慣は古代の教父たちの証言にもみられ、たいへん古い伝統です。それが回復されたことは初代教会への回帰という祈祷書改正の基調からすれば意義深いものがあります。

* 『改訂増補　日本聖公会祈祷書解説』日本聖公会管区事務所、一九九四年、一〇七頁。

**聖公会では聖書通読をしない?**

他のプロテスタント教会の諸兄姉の中には、本文にはいくつもの線が引かれ、多くの書き込みがなされ、頁もよれよれになっている聖書を常に携え、長く愛用しておられる方が多く見られます。新共同訳聖書が登場したとき、日本聖公会では教団として礼拝で用いる聖書を決めるという事情もあり、瞬く間に普及しましたが、他のプロテスタント諸教会ではそれほどではなかったようです。その理由として慣れ親しんできた聖書を変えることに抵抗があったのではないかという話を聞いたことがあります。

「聖公会では聖書通読は推奨されていないのか」という声を時おり耳にしますが、この質問は聖公会の一員としては少々耳の痛いものがあります。わたしを含め多くの聖公会の兄弟姉妹は聖書を持ち歩くことはあまりなく、たいてい礼拝堂や集会の会場に用意されている聖書を使うため、自分の聖書は綺麗であることが多いようです。わたし自身、十代の頃に堅信を受け、その記念に旧新約聖書（口語訳）をいただきました。その表紙を開けた「見返し」のところには牧師先生の達筆で「ヨハネ黒田裕君へ／堅信式をお祝いして／大切に読んでボロボロになるまで使ってください」というメッセージが書かれています。しかし、この聖書はボロボロになるどころか、とても綺麗なまま、そのうちに新共同訳聖書が登場し、その新共同訳聖書もたいへん美しいままに、わたしは神学校に入学することになるのでした……。

それはともかく、聖書通読には大きく分けて二つの次元があります。礼拝での朗読と個人での通読です。礼拝での朗読には、一つの書を初めから終わりまですべて読んでいく「継続朗読」（レクティオ・コンティヌア）と、現在の聖書日課が採っている教会暦に合わせて選択的に読んでいく「秘義選択朗読」（レクティオ・ミュスタゴギカ）という二つの方法があります。

先にも述べたように、クランマー大主教が朝夕の礼拝のために組んだ週日聖書日課は、もともと英国民が年間を通して聖書の通読ができるようにという配慮から編成されたものでした。ですから、聖公会でも週日日課を利用して日々聖書を読み進めるという個人による聖書通読のオプションは用意されています。しかし、実際には朝夕の聖書箇所だけでも一日分はかなりの分量となっており、実行はなかなか困難です（厳密に言えば、この聖書日課も旧約新約のすべての章節を網羅しているわけではありません）。つまり、聖公会では聖書通読の枠組みはありますが、「継続朗読」のような形での聖書通読は個人の判断に任されているのが現状です。

## 2　聖書朗読について

### なぜ福音書朗読は聖職者にしか許されていないのか

現行祈祷書「聖餐式」の「礼拝細字規定」（ルブリック）*では、旧約聖書や使徒書を朗読するのは「朗読者か司式者」とあって、信徒・聖職どちらも朗読できることになっています。その一方で、福音書の朗読は「執事または司祭」つまり聖職に限られ

礼拝細字規定（ルブリック）rubrics　祈祷書（典礼式文）中に小さな字で記されている儀式や儀典に関する指示。この語は、それが典礼の式文と区別するために朱書きされたことに由来する。「典礼注記」とも。

ています。どうしてでしょうか。ちなみに「一九五九年祈祷書」では、福音書に加え、使徒書も「補式者または司祭」が朗読することになっていました。

歴史を紐解けば、すでに二世紀には司式者とは別に朗読者がいたことがわかっています。当時は識字率が低く、さまざまな言語が使用されていた地中海世界では、会衆が理解できる言語に翻訳する必要があり、朗読者が通訳の任を負うことも少なくありませんでした。三世紀ごろには聖書朗読が聖職者の務めの一つとなり、一〇世紀以降には「朗読者」(Lector)は主教・司祭・執事という三聖職位*の下位の職位に位置づけられ、司祭職の準備段階で与えられる役務と理解されるようになりました。そして第二バチカン公会議(一九六二年)以降、教会での奉仕職の見直しがおこなわれ、「朗読奉仕者」を信徒の奉仕職として位置づけるようになりました。聖公会でも、現代の教会では礼拝での聖書朗読はすべての信徒が積極的に奉仕するように期待されています。しかし、それでも福音書朗読は聖職にしかできないことになっています。その理由について明確に答えている資料は今のところ見当たりません。

聖職按手式*の終盤、最後の「平和の挨拶」の前に執事には新約聖書、司祭には旧新約聖書が渡されます。そのときの祈祷文にはいずれも次のようにあります。

> 聖書を受けなさい。これはキリストの福音を宣《の》べ、み言葉に従って神と人とに仕えるために、神があなたに与えられた権威のしるしです。〔執事按手〕

聖職位
キリスト教の職制(ministry)の高位聖職者。

按手
職位の授与の儀式として、イエス自身が宣教生活中に行った手を置く(按手)動作にならい、聖霊の働きを願って按手を伴う祈りがなされる。

聖書を受けなさい。これはキリストの福音を宣べ、聖奠《せいてん》を執行するために、神があなたに与えられた権威のしるしです。〔司祭按手〕

（『一九九〇年祈祷書』四八二、四六五頁）

つまり、聖職位にとって、聖書は権威のしるしでもあるわけです。現代では「権威」という語はほぼ「権力」と同一視されるので、注意して使うべき言葉の一つでしょう。しかし、もともとは、ある事柄が「真」であることを保証するのが権威でした。聖書、とりわけ福音書の朗読はこの世界に神の言葉を伝達する教会の公式な宣言です。朗読者はこの世界への宣言をするために会衆席の方へと進み出ますし、会衆も神の宣言を受けとめるために立ち上がって朗読者の方を向く*のです。そして、その宣言が「真」であり、正式なものであることを保証するのが「権威」です。それゆえ、伝統的に教会は福音書朗読という奉仕を聖職に担わせてきたのではないでしょうか。

あるいは、教会は福音書朗読という奉仕をある種のサクラメント*ないしサクラメントに準ずるものとしてとらえてきたので、聖職がその朗読を担当しているのではないかとわたしは考えています。

## 聖書朗読で気をつけることは

聖書朗読に関しては、「朗読の際、どんなことに気をつけたらよいか」という質問

**朗読者の方を向く**
祈祷書には「一同、福音書の方を向く」と規定されている。

**サクラメント**
「秘跡」「聖礼典」とも呼ぶ。カトリックでは、古来多数あったものの中から、洗礼、堅信、聖餐、改悛、終油（病者の塗油）、叙階、結婚の七つについて、中世末期から教会の共同行為を表すものとして用いてきた。聖公会では「聖奠（せいてん）」と呼び、イエス・キリストが制定した洗礼と聖餐以外の五つについては、それに準ずるものとしている。

を信徒の方からよく受けます。声の大きさ、速さ、抑揚をつけた方がいいのか、感情を込めた方がいいのか、込めない方がいいのか……。気になることは多そうです。

朗読が下手な人には何かペナルティーがあるのかと質問されたこともあります。もちろんペナルティーなどありませんが、朗読にプレッシャーを感じる人がいるのも確かでしょう。朗読のうまさと信仰は無関係ですが、礼拝の中で参列者にどのような印象を与えているかは気になるかもしれません。

朗読の聴き方に関しても、とくに福音書朗読のときですが、なぜ会衆が朗読をする司祭（または執事）の方を向かなければならないのかという質問もあります。朗読のあいだ手もとの聖書や聖書日課の文字を追ってはいけないのかと聞かれることもあります。

理想的な朗読がどのようなものであるかは教会によって違いますし、牧師さんによって意見もかなり異なります。「じゃあ、いったいどうすればいいの？」という戸惑いの声が聞こえてきそうです。

こうした問いを考えるときの手がかりとして、一六世紀後半の英国で聖公会神学（アングリカニズム）に堅固な基礎を据えたR・フッカーの『教会政治理法論』での主張を紹介したいと思います。それは「説教のみならず聖書日課もまた」と題された章の一節です。その見解は聖書朗読と説教をめぐるピューリタン*との論争のなかで展開されたものでした。*

ピューリタン
エリザベス一世の宗教改革（一五六三年）を不徹底として、さらなる改革の徹底を求めて英国教会の神学や礼拝とその習慣を批判または否定した英国教会内の一派。

Richard Hooker, *Of the Laws of Ecclesiastical Polity*, Vol. 2: Books 5 (London: J.M. Dent & Sons Ltd, 1907). 続く本文中の引用（三箇所）はいずれも同書80-81頁より。

当時、フッカーの論敵は、説教壇から説教がなされる時にのみ、神の言葉が聴衆に聞き取れるものとなる、と主張していました。これに対してフッカーは、神の言葉を聞くことが礼拝に不可欠で本質的な要素であることに同意はするものの、説教を伴わなくとも聖書朗読それ自体が、現に神の言葉の宣言となりうると論じました。* とはいえ、もちろん説教が不要であると言いたかったわけではありません。彼は次のようなことを述べています。一六世紀当時の修辞的・隠喩的表現が多用されていて少し難解に感じられるかもしれませんが、しばらくおつきあいください。

もし説教を、神によって祝福されたつとめとして尊重しなければ、それがどれだけ聖なる礼拝の一部であってもわれわれは誤っていることになる。説教は、天の王国に入るための鍵、魂へとはばたく羽、人間の善なる愛情を走らせる拍車、病める心への薬なのである。

* R.H. Fuller, *What is Liturgical Preaching? Studies in Worship and Ministry* (London: SCM Press, 1957), 13.

このようにフッカーは説教について、それを不要とするどころか、どれだけ重要で価値ある奉仕であるかを説いており、その点ではピューリタンたちと変わるところがありませんでした。問題はむしろ、彼らが聖書朗読を軽視していたことなのです。

〔ピューリタンたちが〕われわれを攻撃していることは、第一に、神の言葉をただ朗読するというわれわれ〔英国教会〕の習慣つまり神の恵みの霊に対する大きな侮辱なのである。朗読によって立ちあらわれてくる主要な美徳は、恵みの霊そのものを、人間の魂の永遠の善のために宣言するのである。その美徳がまさに、回心を得させ、蒙を啓き、魂を救うことになるのである。それを彼らは曖昧にしよう、曖昧にしよう、としているのである。第二に、そのうえ彼らは、説教に関する彼らの意見をごまかし続けている。というのも、彼らは、聖霊のもつ救いの力を充足させようと精を出す一方で、全能の神が締め出すことのないおびただしい数の人びとを、いのちと救いにかかわるあらゆる明白な希望から切り離してしまうからである。

こうしてフッカーは説教の大切さを強調する一方で、聖書朗読そのものがもつ救いの力を否定する論争相手を批判しました。そして、聖書朗読の意義を次のように語ります。

聖書の使用について言えば、とりわけそれが公けに朗読されるとき、神の教会はその手段によってはかりしれない善を刈り入れてきたのである。われわれがよく知っているように、あらゆる教会の事情は、書きとめるべき特有の機会を与え、全教会の指導のためにそれが発表されえたし、そのことが朗読によってなされることを使徒聖パウロが求めたことには正当な理由があったのである。

このように、フッカーはまさに聖書朗読において恵みの霊が働くこと、朗読というものが全教会の司牧においても有用な手段であることを主張しました。この主張によれば、聖書朗読という奉仕を行うとき、わたしたちの朗読そのものが恵みの霊が働く器として用いられ、その奉仕は全教会の司牧的な働きに仕えているということができるのではないでしょうか。

朗読奉仕は朗読者という「わたし」を発表する場ではありませんし、その能力の発露の場でもありません。聖書朗読という行為では「わたし」のパフォーマンスは問題ではないのです。そう思えば、朗読奉仕への姿勢はおのずと整えられていくのではないでしょうか。マイクなど機器を使うにせよ使わないにせよ、会衆席の後ろでも聞き取りやすいような音量や速度で朗読することを心がけるとよいと思います。イエス・キリストを通した神からの福音の宣言がそこに集うすべてのひとに漏れなく伝わるために。

## なぜ詩編だけ交読するのか？

礼拝で用いる旧約聖書のうち詩編だけを交互に朗読するのはどうしてでしょうか。

また、「旧約聖書のなかで、なぜ詩編が特に重んじられるのでしょうか」という質問を受けることもあります。聖餐式はもちろんのこと、朝夕の礼拝はじめ、ありとあらゆる礼拝で詩編が用いられます。それはなぜでしょうか。

詩編は古代イスラエルの民がその長い苦難の歴史のなかで、嘆き、悲しみ、怒りを表現したもの、神の救いの業や受けた恵みによって喜び、感謝し、神を賛美したものが祈りとなり、少しずつ集められていったものだということをまず確認しておきたいと思います。つまり、詩編ははじめから祈りであり、賛美であり、賛歌だったのです。それがキリスト教に引き継がれました。遅くとも四世紀には、それまでの家庭集会のような日々の祈りが大聖堂での礼拝における「賛歌と賛美の詩編」として用いられるようになっていたようです。その後、五世紀には修道院で、修道士たちが向かい合って礼拝するなかで、左右交互に唱え歌われていたのです。*

また、あらゆる礼拝で詩編が用いられるのは、それが賛美であり、賛歌であるからというだけでなく、かなり古い時代にまで遡れる祈祷文だからではないでしょうか。なかには出エジプト後の紀元前一〇〇〇年頃まで遡れるものもあると考えられています。

新約聖書に最も多く反映されている旧約聖書の書は詩編です。中世最大の神学者アウグスティヌスは、詩編をキリストの言葉として繰り返し読むべきと奨めています。詩編はイエス誕生の何百年も前に成立していますから、このアウグスティヌスの言葉はつじつまが合わないように思えるかもしれません。しかし、人として、ユダヤ人と

* 礼拝における詩編交読については『今さら聞けない⁉ キリスト教――礼拝・祈祷書編』一一二―一一三頁参照。

して生まれたイエスが詩編を祈りとして繰り返し唱え、暗誦していたことは想像に難くありません。マルコ福音書によれば、イエスが十字架上で叫ばれたという「わが神、わが神、なぜわたしをお見捨てになったのですか」（一五・三四）は、詩編二二編二節の言葉です。わたしはこの詩編からイエスの思想、思い、悲しみ、嘆き、怒り、喜び、賛美といった内面を知ることができると思ってしまいます。

礼拝において、旧約聖書からとくに詩編が用いられるのは、こうした歴史的経緯とそれを踏まえた特徴が詩編という書にはあるからではないでしょうか。

## 聖書朗読の位置や場所について

すべての教会でそうだというわけでは必ずしもないのですが、礼拝堂には説教壇のほかに聖書の朗読台が置かれています。この台や朗読するときの位置について「朗読台はなぜ会衆席から見て、右側に置かれているのか」「旧約聖書と使徒書を読む場所は以前は『使徒書台』と呼ばれていたのに、今は『聖書朗読台』と呼ばれているのはなぜか」「福音書朗読はなぜ会衆席の方へ進み出てするのか」といった質問を受けることがあります。

こうした質問が出る背景には聖餐式における朗読の位置についての混乱があります。「一九五九年祈祷書」の時代には祭壇は東面に壁付けされる背面式が前提でしたが、「一九九〇年祈祷書」では聖卓として前にせり出た対面式であることが前提となりました。この祭壇の位置的な変化と、それにともなって所作や奉仕する位置が変化したことで混乱が生じているのです。

伝統的には朗読の位置は、礼拝堂奥のチャンセル（礼拝堂の内陣／至聖所）に向かって右が「使徒書側」（epistle side）、左が「福音書側」（gospel side）とされています。「一九五九年祈祷書」までは司式者である司祭（または補式者）は右側におり、その場所で台を用いることなく、会衆の方を向いて使徒書を朗読していました。そして、福音書朗読の前、昇階聖歌のときに祈祷書を反対側に移動させ、司式者も反対側に行き、左側で福音書を朗読していました。

なぜ福音書朗読のときに祈祷書を移動させる必要があったのでしょうか。諸説ありますが、次のような説明を紹介したいと思います。祭壇が東面（liturgical east）にあるとき、チャンセルに向かうと、右が南、左が北になります。したがって、福音書朗読での右から左への移動は、方角でいえば、南から北への移動ということになります。この南から北という移動の方向は「非キリスト教徒である異民族の方へ進んで宣教する」という動きを象徴しているとされています。福音書朗読はこの世への福音、救いの宣言であり、それゆえ対面式となった現在では、会衆席の方で朗読されます。つまり、会衆席の方へ進み出て福音書が朗読されるのは、世界のただなかで福音が宣言されているということをあらわしているのです。なお、「使徒書台」が「一九九〇年祈祷書」では「聖書朗読台」と呼ばれるようになったのは、そこでは使徒書だけで

◈聖堂内の配置と構造

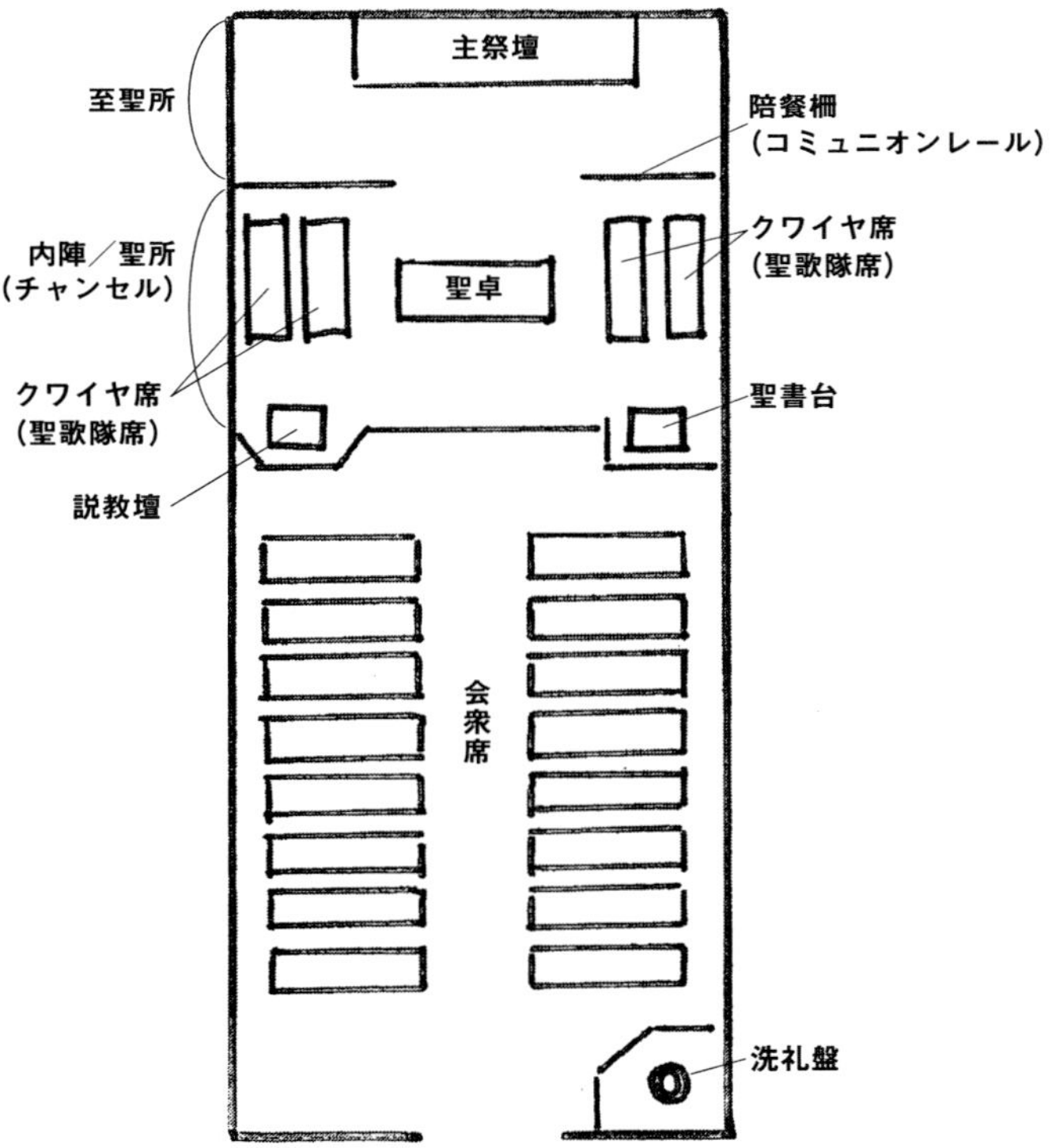
主祭壇
至聖所
陪餐柵
(コミュニオンレール)
内陣／聖所
(チャンセル)
クワイヤ席
(聖歌隊席)
聖卓
クワイヤ席
(聖歌隊席)
聖書台
説教壇
会衆席
洗礼盤

なく、旧約聖書も朗読されるようになったからです。

他にも、聖書朗読では「聖書台の聖書を使った方がよいのか」「会衆席の前の方で祭壇に向かって読むと聞こえづらい。説教台で読んではいけないのか」などの質問もあります。聖書台に備えられている大型の聖書を使わなければならないというきまりはありません。後者については、朗読が会衆全体に聴こえるようにするという点が重要です。礼拝堂の広さや構造、様々な台や椅子の位置関係、その教会が大切にしている雰囲気や長年おこなわれてきた習慣などを考慮する必要もあるでしょう。それぞれの教会や礼拝堂にふさわしい礼拝の形、地域にふさわしい信仰表現について、教会内でよく話し合い、合意を形成していくことが大切と思われます。その合意形成の過程にこそ聖霊が働くと考えるからです。

**視聴覚が困難な方々への配慮**

聖書朗読に関して、耳が聞こえにくい人や目が見えない人にどのような配慮が必要でしょうか。これはとても大切な課題だと思います。

日本聖書協会から「点字訳聖書」が出されています。各書一〇〇〇円ですので、新共同訳では旧約聖書全書二六冊で二六〇〇〇円、旧約続編六冊六〇〇〇円、新約八冊八〇〇〇円（いずれも非課税）、計四〇〇〇〇円で全巻揃えることができます。* また、聴覚をサポートする機器としては、多くの教会で使われている一般的な放送機器のほか、座席

* 日本聖書協会HP
http://www.bible.or.jp/online/pur07.html
書籍の価格は二〇一八年三月一日現在のもの。

付近に取り付けられるスピーカーやヘッドフォンのように装着するタイプのものもあるようです。さらには礼拝堂の場合、場所によっても相当聴こえ方が異なりますので、事前に把握しておくことも大切でしょう。

こうした設備をはじめとするハード面以上に大切なのは、耳が聞こえにくい人や目が見えない人との関わりです。第三章で詳しく述べますが、説教という奉仕が教会へ委託されているのと同じように、牧会（魂への配慮）*も広い意味では教会に委託された奉仕です。その意味で、皆がどうしたら様々な意味で、聖書朗読を事柄にふさわしく聴くことができるか話し合うことが大切ではないでしょうか。また、そのために教会委員会（役員会）の役割も重要になるでしょう。

牧会（魂への配慮）
広義には礼拝執行から管理的業務までを含む、牧師が教会で従事している職務全般を「牧会」と言う。その中でも、人生の意味や価値をめぐる揺らぎや悩み等、個人の魂の問題について、福音の力によって対話を用いて解決しようとする奉仕を「魂への配慮」や「魂の治療」とも言う。この務めは初代教会以来、聖職者に限らず教会員すべての任務であったが、教会の制度化にともない聖職者に集中するようになった。

第3章

今さら聞けない!?

# 説教

## 1　説教とは何か

説教とは何でしょうか。説教とは、時代ごとになされてきた、牧会や宣教、礼拝といった教会の使命全体における本質的な要素のひとつで、聖書に示されているイエス・キリストを通した神の救済の出来事を、礼拝の中で、またその他の場において聴衆に語りかけるものです。すなわち、「キリストの福音を宣言すること」です。しかし、その福音は神からのものでもありますので、踏み込んで言えば、「説教とは、神の言葉を語ること」なのです。ですから、そこに、説教とは何かについて語ることの困難さが伴います。

### 「説教」に関する新約聖書の言葉

新約聖書では説教に関係する言葉として「マルチュレオー」「ケーリュッソー」「ディダスコー」という三つのギリシア語が用いられています（いずれも動詞に直して表記）。

「マルチュレオー」は「告白する」「証しする」を意味し、その行為においては伝えられる内容と伝える人を切り離して考えることはできないものです。言い換えれば、職務と人格が密接に関係しており、生き方そのものから言葉を発しているということです。代表的な例としては、総督ピラトの前でのイエスの告白が挙げられます。自己の証言、告白ですから、その内容の責任が問われます。時代状況によっては命を取られることもあるのです。この言葉からは後に英語の「マーターダム」(「殉教」martyrdom)、「マーター」(「殉教者」martyr)など「殉教」に関係する語が派生しました。

「ケーリュッソー」は「布告する」「知らせる」「宣べ伝える」「説教する」を意味します。この語の名詞形には「ケーリュグマ」という語もあり、「宣教の使信(の要約)」を意味します。この場合、宣教という行為ではなく、宣教の内容を指しています。先ほどの「マルチュレオー」と違って、伝えられる内容と伝える人との間には一定の距離があります。例えば、王様の命令を語って回る触れ役がそのお触れの内容の責任を問われることはありません。現代の日本で言えば、宅配便で配達される品物の品質に責任を持っているのは発送者であって、配達員ではありませんね。ただし、配達の仕方に問題があって、その品物が腐ったり壊れたりしたときには配達者が責任を負わなければなりませんが……。

「ケーリュッソー」という動詞はしばしば「福音」を目的語としてともないます。この場合、他の動詞「エウアンゲリゾー」(「ユーアンゲリゾー」とも)と同義になり、

「福音を宣べ伝える」という意味になります。その名詞形が「エウアンゲリオン」で、「福音」を意味します。つまり、非キリスト教世界にキリスト教を公けに宣布するという意味で、改宗者を得たのはこの方法でした。今日の「伝道」や「宣教」という言葉からイメージされることですね。

「ディダスコー」には「倫理的教訓」「護教的な弁証*」「神学的教理の解説（とくにヨハネ福音書）」をするという意味があります。キリスト教に関心はあってもまだ確信のない人びと（今日の「求道者」）に対してキリスト教を理論的に教え奨めることや、すでに信仰を得ている会衆にキリスト教的生活や考えについてのさまざまな話をすることです。

以上、新約聖書に登場する説教をめぐる三つの言葉を紹介しました。一つめの「マルチュレオー」が語るひと自身に密接に関わる言葉とすれば、他の二つ「ケーリュッソー」と「ディダスコー」は語られる事柄や語られる相手に関わる言葉ということができます。

**護教的弁証**
異端をはじめ非キリスト教的な言説からキリスト教の教えをまもるため（護教）に、キリスト教の正当性を論じて主張（弁証）すること。

## 説教を語るということ

説教者は「いま自分が語っているのはマルチュレオーなのか、ケーリュッソーなのか、ディダスコーなのか」を問うてみるのも自己の説教を省みるのに有益でしょう。わたし自身はこれらをバラバラに理解するのではなく、ある位置づけのもと有機的な連関のうちに理解するのがよいのではないかと思っています。つまり、マルチュレオーに基礎づけられて、ケーリュッソーもしくはディダスコーへと展開されるものではないかと思うのです。

例えば、「ケーリュッソー」は伝道集会のような教会外でなされるもので、「ディダスコー」は通常の日曜礼拝、つまり教会内でなされるものという二分法も考えられます。しかし、圧倒的多数が非キリスト者であるという日本の状況を考えるとき、この二分法にどれだけ意味があるでしょうか。日曜礼拝もまた、重要な宣教の機会であることは体験的によくわかっているのではないでしょうか。また、すでに信仰をもつ教会員でさえ内的確信をもてないでいる場合が多いのも現代的特徴でしょう。教会のなかにおいても、「再宣教」のようなことが必要とされているのを感じます。そこで主日礼拝の説教においても「ディダスコー」だけでなく「ケーリュッソー」が必要になると思われます。

ケーリュッソーもしくはディダスコーが説教として行われるとしても、そこで語られる内容と説教者自身のありようがかけ離れていたらどうでしょうか。毎回直接語られなくとも、その説教が説教者自身の証しに裏付けられていなければ、その言葉がリアリティ（現実性）をもつことはないのではないでしょうか。その意味で、これら三つは並列しているというよりも、マルチュレオーという土台の上にケーリュッソーとディダスコーが成り立つとわたしは考えています。

## 説教は「神の言葉」なのか

「説教とは神の思いなのですか」という質問をされたことがあります。「神の思い」は「神の意志」「神のみ旨」と言い換えられ、「神の意志」や「み旨」は聖書で言葉によって記されています。ですから、この問いは「説教は神の言葉なのか、もしそうであるなら、いかなる意味でそう言えるのか」ということと考えられます。

説教は「神の言葉」であるとして、神が絶対者であるとすると、説教は絶対的な言葉ということになります。聖職の権威を笠に着て、説教は神の言葉であり、絶対なのだから、それに対してあれこれ言ってはならないという向きもあるかもしれません。しかし、わたしたちはイエス・キリストが受肉した神の「言」(ロゴス)であることも知っています(ヨハ一・一以下)。そして、イエス・キリストたる神の「言」は、ひとの手に落ちることによって(イエスの逮捕、裁判、十字架による刑死)、かえって、その神性を露わにしました。したがって、説教の言葉も、人の手に渡ることによって、いよいよその神的性格を明らかにするのです。

同様のことはキリスト論からも説明することができます。キリスト論とは、紀元後四五一年の公会議で定式化されたカルケドン信条によって確定した教理で、「イエス・キリストは全き神であり全き人である」という教えです。「全き」というのが重要です。イエスは決して「半神半人」ではないですし、まだらに神と人とが混ざっているのでもありません。

説教をキリスト論的に理解すれば、その言葉は全き人間の言葉であるとともに、全き神の言葉といえます。説教にも人的側面と神的側面があるわけです。つまり、説教は牧師のつたない作文でしかないことは確かなのですが、にもかかわらず、神の言葉になるということなのです。ただし、その「なる」が現実化するかどうかは聖霊の働きによるのです。そこで説教者はくりかえし栄光を（自分にではなく！）神に帰するほかないのです。その意味では、「自分には神の言葉を語ることができない」と自覚することなしには説教を語りえないと言うことができるでしょう。

さて、「つたない作文」という意味では牧師の説教について批評をさしはさむ余地が大いにあることになります。にもかかわらず、それは神の言葉として用いられます。ただ小麦粉を練って焼いたものにすぎないウェファーが聖餐において「キリストのからだ」として用いられるのに似ているかもしれません。説教を批評する側のひとにも、それが神の言葉として用いられうるものであるという自覚が必要になるのではないでしょうか。

み言葉をときあかすという職務はそもそも、説教者固有の職務というより神から教会という共同体に託された使命であり任務なのです。教会につらなる人びとがその日の説教について語り合うことは、この委託された任務への参与であるということも、教会人の間でもっと知られていいのではないかと思います。

## 説教は「解釈」？

「説教とは、神の思いを人間が解釈し、加工したものなのか」という問いには真摯に耳を傾ける必要を感じます。その背後には、説教が聖書の解釈や解説にとどまっているのではないか、悪くすれば、聖書の使信の歪曲になっていないかという問いが潜んでいるからです。それが「加工」という言葉で端的に言いあらわされているように思われます。

確かに、説教は聖書の解釈や解説だけでは十分ではありませんが、先述の「マルチュレオー」がなくてもできるのです。しかし、その一方で、聖書の解釈や解説なしで説教を語るとしたら、どうでしょうか。説教者は自己を神格化するか、「異言」を語るほかなくなってしまうのではないでしょうか。

説教に解釈、解説が必要とされることについては、聖書の神には媒介者が必要であり、聖書の言葉はくりかえし語り直されなければならないという、神の言葉の伝達に関する二つの特徴から考えることができます。

まずは媒介者についてですが、たとえば、神の言葉が駅の構内放送で一斉に伝えられるようなものであれば、媒介者は必要ではないことになります。しかし、聖書では神の言葉は必ずといっていいほど、ある人物（人格）を通して伝えられます。預言者は「言を預かる者」という名の通り、伝達者の典型といえます。神はご自分の言葉を伝えるのに必ず伝達者を必要とするのです。なぜそうなのかはよくわかりません。聖書の神が人格神だからかもしれません。あえて言えば、神はご自分の言葉を伝達するために「あなた」を求めずにはいられないのです。人間は神との関係において、神の協働者なのです。そして、協働者である「わたし」は他ならぬ「わたし」自身の人格を通して神の言葉を語らざるをえません。神による同じ使信であっても一人ひとりの人格は異なるので、語られることは語るひとによって少しずつ異なります。ここに解釈の余地が生じます。

次に、聖書はくりかえし語り直されなければならないという点です。聖書は確かに「神の言」ですが、それは書かれた「神の言」なのです。また、正典化の歴史のところでみましたように（46頁）、正典としてある意味で閉じられた「神の言」であり、基本的に変更されることはありません。

しかし、それを読む人間はどうでしょうか。人間の性質の傾向は時代ごとに異なりますし、環境も状況も年を追うごとに変化していきます。それは聖書のなかでも起こっています。イエスも旧約聖書に記されていた神の言葉を時代の変化にあわせて語り直しています。たとえば、「隣人」は旧約聖書では同胞同士の関係を指していましたが、イエスはそれを民族を越えたものとして語っています。*

イエスの宣教開始から十字架までの出来事は公けに示されたものとして「公生涯」と言いますが、共観福音書では約一年の間の出来事とされ、ヨハネによる福音書では約三年間のこととされています。これは人間ひとりの一生から見れば短期間のことで

＊ルカ一〇・二五―三七「善いサマリア人のたとえ」参照。

す。しかし、福音書記者たちはこのイエスの公生涯をイエスに従おうとする人びとの一生の課題として宣べ伝えられるべきものと考えました。そして、その短期間に凝縮されたイエスの生を福音書に書き記しました。日常を生きる人びとの生の場面に結びつくように、イエスが生きた非日常的な生である「公生涯」を語り直さなければならなかったのです。

このように、聖書に書かれている福音を時代や地域ごとに現実性のある使信として伝えるためには、聖書をくりかえし語り直す必要があるのです。聖書の翻訳とその改訂が必要なのも同じ理由からです。教会が「常に解釈し続ける共同体*」と言われる由《ゆ》縁《えん》です。つまり、特定の時代になされた聖書解釈に固執し、その時々の状況や現実から目を背けて、それをそのまま無批判に語り続けたらどうなるでしょうか。融通のきかない考え方に凝り固まってしまうのではないでしょうか。それでは伝わるものも伝わりません。歴史的、現実的情勢を無視して、原則論を機械的に適用しようとする教条主義に陥ることなく、時代ごとに聖書の使信を再解釈して語り、宣べるのが教会の重要な使命のひとつなのです。

* 全聖公会中央協議会『真理はあなたがたを自由にする――一九八八年ランベス会議 諸報告・諸決議・牧会書簡』八代崇ほか訳、飯田徳昭監修、日本聖公会管区事務所、一九九〇年、一一二頁。

## なぜ「説教」というのか?

「説教する」という言葉は日常の日本語では「叱る」という意味で理解されます。なんとなく「サザエさん」のカツオくんが書斎で正座して父・波平氏に叱られる場面を連想してしまいますね。もっとふさわしい語はないだろうかと思われる方が多いのもうなずけます。

日本語の「説教」という語はキリスト教の伝来以前から、仏教指導者の布教や教育活動をあらわす語として「説経」「説法」とならんで用いられてきました。「説経」であれば、お経を説くことであり、「説法」であれば「法」(ダルマ)*を説くことです。同様に「説教」は「教えを説く」ということになるでしょう。お経をやさしく教え説くことを専門とした民衆教化僧は「唱導師」「説教師」と呼ばれていたようです。

ここで思い出したいのは最初期の聖書の和訳事情です。そこでは、聖書の各語に定訳がなかった当時は、仏教用語を使わざるをえない状況でした。おそらく、そのような状況のなかで仏教用語であった「説教」が採用されたのではないでしょうか。

なお、冒頭で述べた「叱る」という意味での「説教」はむしろ仏教やキリスト教の「説教」から派生して大衆化し、堅苦しい教訓を聞かされるという意味で「親に説教される」といった表現がされるようになったのだと思われます。

法(ダルマ)
サンスクリット語。「倫理的規範」「きまり」といった多様な意味をもつ。

### なぜ聖餐式の中に説教があるのか

中世イタリアの神学者・哲学者で、その神学がローマ・カトリック教会の理論的基盤となったトマス・アクィナス*は、聖餐式は「礼拝のなかの礼拝」であると述べています。つまり、聖餐式は礼拝が本質的にもつ要素をすべて備えていることを意味して

トマス・アクィナス
一二二五頃—七四。ドミニコ会士、スコラ学最大の哲学者。主要著作は『神学大全』『対異教徒大全』。

いるのです。その聖餐式を構成する最も重要な要素は「み言葉」と「聖　餐《サクラメント》」の二つです。「み言葉」の具体的な奉仕が「聖書朗読」と「説教」ですから、説教は聖餐とならんで、礼拝のなかで最も重要な要素のひとつということになります。

祈祷書ではどうなっているでしょうか。聖餐式の「説教」のところには「省略可」を示す「＊」が付けられています。説教は「聖餐」と並んで礼拝の二大要素を構成しているはずなのに、これはどういうことでしょうか。しかし、「聖餐」と並んで二大要素を構成しているのは「み言葉」の部なのです。聖公会では恵みの霊が働く奉仕として「み言葉」の部のうちの聖書朗読を大切にしてきたことはすでに見た通りです。とはいえ、説教はあってもなくてもいいというようなものなのでしょうか。実際、わたしを含め多くの聖職が主日以外の聖餐式では「省略可」の方に従っていることでしょう。しかし、先のフッカーから学ぶとき、この慣例への再考を促されます＊（127―129頁参照）。

説教はユダヤ教の預言者の伝統とシナゴーグ（会堂）礼拝の慣習にまで遡り（82頁「ナザレ宣言」参照）、初代教会でも「聖餐」とともに礼拝に不可欠な要素でした。したがって、説教が「聖餐」とならぶ礼拝の重要な要素であることはどれだけ強調されても強調されすぎるということはないのです。とりわけ、いまの日本聖公会ではそうした強調が必要とすら思われます。

しかし、説教がなければ聖書が神の言葉として聞かれることはないのでしょうか。

説教の省略
聖公会の聖書学者R・H・フラーは聖職者の「怠慢」として厳しく戒めている。

もしそうだとすれば、説教者のありようによって聖書が神の言葉となるかどうかが左右されるかのような考えにつながりかねません。それは行き過ぎというものでしょう。

祈祷書の「省略可」はおそらく、こうした行き過ぎを憂慮したものと思われます。かつてある信徒から「おかしな説教をされるくらいなら聖書朗読だけでいいと思ってしまう」という告白を聞いたことがあります。幸いわたしの説教に向けられたものではありませんでしたが、他人ごとには思えず、ひそかに自らの肝に銘じたことでした。省略可の「＊」マークはあくまでもそうしたリスク回避のためにあるのであり、礼拝における説教の積極的な役割を減じるものではないことをよく理解する必要があるのではないでしょうか。

## 2　説教の現場

### 「説教」はなぜ聖職者にしか許されていないのか

聖公会では、同じ聖書のみ言葉の「ときあかし」であっても、信徒がする場合は「奨励」「勧話」「感話」と呼ぶ習慣があります。「奨励」は、「聖書の朗読と勧めと教えに専念しなさい」（Ⅰテモ四・一三）とパウロが述べたところの「勧め」を意味するギリシア語パラクレーシスから派生した言葉です。同時に、「熱心な勧め（奨め）」としてラテン語が派生し、英語 exhortation（奨励）の語源となりました。「感話」は「感化するような話をすること」として「勧話」に当て字をして用いられるようになったのではないかと推察されます。いずれにせよ、「説教」と呼ばれるのは聖職によるものだけなのです。聖職按手式文に、「説教」をおこなえるのは聖職のみとされています。式の中では、叙任される聖職にその奉仕の権威のしるしとして聖書が手渡されます。前に述べた福音書の朗読と同じように（123—125頁）、説教は神の言葉をこの世界に伝達する教会の公式な宣言なので、聖職にのみ許されているのです。

説教という奉仕は「聖職個人に託されたもの」というより神から教会に委託された奉仕です。その委託された奉仕を十全におこなえるように、特別に叙任された聖職に権威が託されたとみるべきでしょう。その意味では信徒によるみ言葉のときあかしが、本質的に説教ではないとまでは言えないと思います。

**説教を聞くときには……**

説教を聞くときの聴く側の視線や姿勢について質問されることもあります。このような考慮をしてくださることは説教者としては嬉しく、またありがたく思います。しかし、お聞きになる方に多くを求めてはおりません。常に説教者の方を向いていなければならないとか、会衆席に深く腰掛け、背筋をピンと伸ばしていなければならないとか、そういったことはありません。それぞれ最も楽な姿勢でお聞きいただくのがいいと思います。その意味では黙想の際の姿勢に通じるものがあるのかもしれません。

黙想が神の前で憩い、無償で与えられる主の賜物《ギフト》を大らかに受け取るものであるとすれば、リラックスすることが大切です。以前、テゼ共同体*の黙想会に参加したことのある青年から「テゼの黙想ではどんな姿勢をとってもいいが、横になっているとブラザーからトントンと軽く触れられ、注意される」という話を聞きました。眠ってしまうと、内面で「霊」（心や魂）を動かす修練（エクササイズ）ができないからでしょう。

とはいえ、会衆で居眠りしているひとを説教壇から見つけても、わたしはその方を責める気にはあまりなれません。少々残念な気にはなりますが、少なくとも安心して眠れる程度には穏やかな口調で話せているのかなと思いますし、むしろ覚醒させるような説教を話せていないのではないかと自身の説教内容を省みるばかりです。説教者は先述の「説教は『神の言葉』なのでしょうか」という問いを常に心に留め、たとえ自分の語った説教に対する厳しい批評が聴き手からなされた場合にも、ただちに反論することなく、その批評に十分に耳を傾ける必要があります。

まだ駆け出しの司祭だった頃、赴任して間もない教会で、こんなことがありました。礼拝が終わった直後、いわば長老格の信徒の方から「センセ、ちょっといいです

テゼ共同体
フランス・ブルゴーニュ地方の小村に設立された、エキュメニカルな修道共同体。

か？」と声をかけられました。促されるまま教会ホールに行くと、その方は次のように言われました。「今この時代はいろいろなところで〝バリアフリー〟が叫ばれています。でも、先生の説教には〝バリア〟がある――」。この社会に対して障壁を立て、その内部でキリスト教用語を使って聖書を説明し、教会内でのみ通用する話しに終始しているかのような、わたしの説教への痛烈な批判でした。反発心が起こらなかったといえば嘘になります。悔しくもありました。しかし同時に、このような意見に「第二のテキスト」*として傾聴する必要を感じ、「バリアがある」が意味するところをじっくり追求していこうと、その場で反論することはしませんでした。

この日以来、その方との対話を深めつつ、自らの説教を再考する日々が始まりました。ところで彼は、絵画や音楽といった芸術はもちろんのこと落語や歌舞伎、浄瑠璃といった芸能にも造詣の深い方で、度々その方面のお話を聞かせてくれました。そして、絵画であれば、通常それを見ている「わたし」が、その絵の意味を把握しようとしますが、絵を鑑賞する楽しさはむしろ、描かれている絵自らが躍動し、絵画の方から「わたし」に働きかけてくることを感じとるところにあるということが、その対話のなかで最も大きな気づきとなりました。

そこから次第に説教をめぐるひとつの洞察に導かれます。それまでのわたしは、言ってみれば、聖書の意味を自分で掘って把握し獲得しようとしていました。しかし、本当は、聖書の方から「わたし」に問いかけている。言い換えれば、彼岸からこ

第二のテキスト　R・ボーレン『説教学Ⅱ』加藤常昭訳、日本基督教団出版局、一九七八年、二〇九頁。関田寛雄『断片の神学――実践神学の諸問題』日本キリスト教団出版局、二〇〇五年、六四―六五頁参照。

の「わたし」に到来するものがある。重要なのは、そうして到来するものを受けとめていくことではないか。当時のわたしにとってこのことは大きな発見でした。神学的には、カール・バルトらの主張する神の言葉の主導性ということが、わずかながら分かってきたと言うところでしょうか。そこから少しずつわたしの説教も変わっていきました。

そして、「あの日」から一年ほど経ったころ、その方から「センセ、最近の説教、いいですな」との感想が……。以来、彼は、時に応じて説教の感想や批評を言ってくれる説教の最もありがたい聴き手の一人となり今に至っています。

説教という奉仕は神から教会に向けた宣教的な委託であるという自覚は説教者だけでなく、教会全体がとるべき精神的な姿勢の問題であることも覚えておきたいところです。

視線や姿勢についてあとひとつだけ申し上げれば、説教中に週報などの印刷物を読まれるのはつらいと何人もの同労者がもらしています。居眠りされるよりいたたまれない気持ちになります。

## 説教の働き

わたしが神学校で担当している「説教論」の演習では、説教の長さは「一〇分では短く、一五分を越えると長い」としています。字数としては三二〇〇字（四百字詰原稿用紙八枚）程度と指導しています。しかし、本質的には説教の長さは何分、何文字と規定されるものではありません。聖餐式は「み言葉」の部と「聖餐」の部に大別できますが、「聖餐」の部とのバランスのなかで、使信の内容や説教にふさわしい分量が考慮されるべきではないでしょうか。

ここで少し詳しく説教の働きについて、礼拝、とりわけ聖餐式との関係において考えてみたいと思います。そのために古代教会における聖餐式についてふりかえってみましょう。

古代には大斎節*（レント）に洗礼志願者たちが洗礼準備として水浴や断食などの過程を過ごすという習慣がありました。そして、復活日前日（土曜日）の晩から翌朝（復活日当日）にかけて「復活徹夜祭」（イースター・ヴィジル）が行われ、主の復活への切望が教会全体で最も高まります。そのような中、明け方には洗礼志願者たちが「洗礼」を受け、続く「聖餐」で教会は主の復活を祝う爆発的な喜びに達するのです。

説教はこうした流れのなかで「洗礼」と「聖餐」との間の橋渡しの役割を担っていました。他方、洗礼志願者がおらず、復活日の聖餐式のなかで「洗礼」が行われない場合でも説教には次のような三つの機能がありました。

①すでに洗礼を受けている会衆を洗礼の約束へと立ち返らせる
②彼らのうちに教会*の成員であることの意味を更新する

大斎節（レント）
Lent　灰の水曜日から復活日前日にいたる、日曜日を除く四〇日間。「四旬節」「受難節」とも呼ばれる。

教会
ギリシア語「エクレシア」は「集められた者」の意。

### ③「聖餐」という礼拝行為へと導く

言うまでもなく、洗礼式によって入信者（入会者）が生まれ教会が形成されます。そうして形成された教会はまた、聖餐式を祝うことによって二千年という時を超え歴史の荒波を生き抜いてきました。二〇世紀最大のプロテスタント神学者カール・バルトは、「洗礼」が教会という存在の土台なら、「聖餐」はその継続性の土台であり、説教なしのサクラメント（洗礼と聖餐）も、サクラメントなしの説教も、礼拝としては不十分であると述べています。*

「み言葉」の部として捧げられる聖書朗読と説教を聖餐式が失えばどうなるでしょうか。神の救済の歴史は想起されなくなり、洗礼はその意味を喪失します。ひいては「聖餐」の部もその意味が忘れられ、イエス・キリストの十字架の記念と新しい契約、そして神の国の先取りとして行われる陪餐（聖体拝領）にも救済史的意義が失われることでしょう。そうなれば聖餐式は呪術的な儀礼になりかねません。

「み言葉」の部で神の業、つまり救済史を想起し、「聖餐」の部でそれに応答してキリストの自己奉献に参与し、世へと派遣されるというダイナミズムが失われることとなるのです。これはキリスト教信仰そのものの変質です。

説教の長さは聖餐式における「み言葉」の部と「聖餐」の部の関係のなかで考えるべきだとわたしは考えます。短かすぎれば聖餐の意味を明らかにするには不十分にな

* K・バルト「神認識と神奉仕――スコットランド信条講解」（『カール・バルト著作集』9）宍戸達ほか訳、新教出版社、一九七一年、一七四頁。

ります し、長すぎれば聖餐とのバランスを欠いて、聖餐が付随的なものになる可能性があると言えるのではないでしょうか。

## 説教はなぜ説教台でされるのか

キリスト教の歴史上、初期の頃には立派な説教台はありませんでした。古代末期から中世初期にかけて教会の建物が大きくなったことで、聖書朗読や説教の声がよく届くよう高い台に上がるようになったのが、そのはじまりです。先述の「『説教』に関する新約聖書の言葉」の中に「ケーリュッソー」という語がありました(138頁)。この語には「布告する」「知らせる」という意味がありました。その名詞形「ケーリュクス」には「触れ役」「せり売り人」「布告者」という意味があり、その英訳には「報道者」を意味する「ヘラルド」(herald)という語があります。声をよく通らせるという実用的な理由の他に、教会の正式な布告・宣言である説教が語られる場所という理解から、説教台が用いられるようになり、その意匠も凝らされるようになっていったのだと思われます。

実際、現代のようにラジオやテレビ、インターネットなどの伝達手段がない時代には、それまで見たことも聞いたこともないような未聞の情報が説教を通してもたらされました。説教は貴重な伝達媒体でもあったのです。例えば、中世ヨーロッパにはフランシスコ会といった托鉢修道会の会士たちが精力的に各地をまわり、托鉢で施しをうけながら、行く先々で民衆の教化をし、膨大な量の説教がなされたと言われています。新聞やラジオ・テレビもなく、外部からの情報を得る機会が乏しかった人びとにとって、説教は数少ない楽しみのひとつとして娯楽的な要素すらあったと思います。福音はその意味でも「グッド・ニュース」（よい知らせ）として響いたに違いありません。

ひるがえって、現代ではどうでしょうか。情報過多、言葉のデフレとも言いたくなるような状況の中で、説教者は本当に「グッド・ニュース」を、新鮮な信仰の言葉を語れているでしょうか。あらためて説教台が歴史的に担ってきた意味を心に深く受けとめたいと思います。

なお、教会の歴史を聖餐の二大要素である「み言葉」と「サクラメント」という準拠枠で考えてみると、中世は「サクラメント」が極度に高められた時代と言えます。その反動として、宗教改革では「み言葉」がクローズアップされました。そのような流れのなか、宗教改革以降、「み言葉」の中心化が進むにつれ、礼拝堂における説教台の位置は前面や高い位置、そして中央部へ移動していきました。説教台の位置に注目すると、「み言葉」と「サクラメント」のどちらが強調されているのかが分かり、その意味で、どちらの神学が重視されてその礼拝堂が建てられたかをうかがい知ることができます。

## 3 説教の内容

### なぜ説教の前（後）に祈りがあるのか?

聖公会では、多くの場合、まず短いお祈りをしてから説教を始めます。「父と子と聖霊の御名によって」という祝祷のほか、「主よ、わたしの岩、わたしの贖い主、わたしの言葉と思いがみ心にかないますように」（詩編一九・一四）が用いられることが多いようです。どう祈るかに決まりがあるわけではありません。この習慣がいつから始まったかははっきりしませんが、習慣として定着しているのは確かです。

では、そもそも説教の前（あるいは後）にお祈りがあるのはどうしてなのでしょうか。実は、説教に関するお祈りは説教壇でのお祈りよりもずっと前に始まっています。説教者は説教の準備を祈りをもって始めるからです。とはいえ、この祈りは決して説教者の徳を高めるためのものではありません。むしろ説教という事柄ないし事態に即した「秩序」なのです。*

先に述べましたように、説教は神の言葉を取り次いで語るものであり、説教者自身の思想や意見を開陳するものではありません。説教壇はその人の自己表現の場ではな

* D・ボンヘッファー『説教と牧会』森野善右衛門訳、新教出版社、一九七五年、四三頁。

いのです。預言の「預」の字は神の言葉を預かるという意味であり、パウロ自身も「受けたもの」を人びとに伝えたとされているように（39頁）、説教は神から賜った言葉を解き明かして語るものです。ここでも説教というみ言葉を伝える奉仕が神から教会に委託された務めであることを思い出す必要があります。人びとがバベルの塔を建てようとした動機のひとつは「有名になろう」でした（創一一・四）。しかし、説教という奉仕は、それを語る者の必要や欲求から発する自己の表出ではなく、すでに受けた恵み*への応答なのです。ですから、説教の準備を始める前、そして説教の前や後に「わたしの言葉と思いがみ心にかないますように」と祈るのです。

ここで、説教準備の前の祈りをひとつ紹介したいと思います。この祈りには、み言葉と説教者の関係が素朴かつ深みのある言葉で言いあらわされています。

（選ばれたテキストを前にして）

主よ、御言を与えてください。罪深く卑しき者ながら選ばれて御言を語るように立てられました。あなたの憐れみなくしてどうして御言を語り得ましょう。しかし、あなたは語るべく私を召されました。それゆえ、あなたが語らせてくださる事を信じます。主よ、御言をください。

（関田寛雄『断片の神学——実践神学の諸問題』日本キリスト教団出版局、二〇〇五年、七八頁）

すでに受けた恵み
「わたしたちが神を愛したのではなく、神がわたしたちを愛して、わたしたちの罪を償ういけにえとして、御子をお遣わしになりました。ここに愛があります」（Ⅰヨハ四・一〇）。

## 説教テキストの選び方

聖公会の聖職の多くは通常、福音書をテキスト（本文）として説教をします。「聖餐式聖書日課」が主日や祝日ごとの礼拝のインテンション（意図、テーマ）にしたがって福音書を中心に編まれているからです。

説教テキストの選定は説教の種類と密接に関連しています。説教の種類を簡潔に紹介しながら、テキストの選定について説明していきましょう。まず、説教の種類は大別すると、「講解説教」と「主題説教」の二つに分けられます。

〈講解説教〉

講解説教は聖書本文を順に解き明かしながら福音を語っていく説教です。このスタイルでは三つの説教テキストの選定方法があります。

①連続講解説教

これは一つの書を取り上げ、一定期間で連続して講解していくやり方です。旧約・新約聖書から一つの書を取り上げ、そのすべて、あるいはその書のある範囲を区切って、主日ごとに始めから順に一定の箇所を定めて説教していきます。通常は「聖餐式聖書日課」を使用している聖公会の教会であっても、この方法をとってはいけないということはありません。ただ、説教という奉仕が教会への委託だとすれば、教会委員会で話し合うなどして信徒が説教テキストの選定に参与できるよう配慮することは宣教的にも会衆形成という点でも大切なことだと思います。

②自由選択によるテキストの選定

これは説教者自身がその都度テキストを選ぶやり方です。この方法は主日礼拝よりも、集会などで用いられることが多いでしょう。

③「聖餐式聖書日課」に従ったテキストの選択

ローマ・カトリック教会をはじめとする典礼的な教会の主日礼拝で通常とられる方法で、聖公会で通常行われているのはこの方法です。他のプロテスタント諸教会でも教会によっては「聖餐式聖書日課」を使用しているところもあります。

〈主題説教〉

「主題説教」は選定されたテキストに沿って行う説教ではなく、説教者もしくは集会の主催者が設定した主題、テーマを中心とした説教です。したがって、説教テキストはテーマに沿った複数の書や箇所から選択されることになります。

このように説教テキストの選択にはさまざまな方法があります。「聖餐式聖書日課」

は福音書を中心に選択されているので、福音書から説教するのが常道でしょう。しかし、旧約日課や使徒書から説教してはいけないというわけではありません。

ただ、旧約日課から説教を行う際に気をつけなければならないことがあります。それはすでに述べましたように（70—71頁）、ヘブライ語聖書は新約聖書が生まれたことによって「旧約」聖書となったということです。旧約聖書から説教を行う場合、説教の中で直接話すかどうかは別として、この前提を忘れず、キリストの十字架と復活という視点からその使信を明らかにしえているかを問うことが説教準備の課題といえるでしょう。

## 元気が出る説教

「元気を与える説教」について考えるとき、説教という奉仕の重い責任に立ち返らざるをえません。「説教で元気が出ました」といっていただくことも多いですが、その温かいまなざしを感じながらも、説教者はつねに、当日の聖書本文のどこがどのように福音、つまり「グッド・ニュース」なのか、真摯に祈りのうちにたずねもとめる必要があります。

しかし、「グッド・ニュース」とはいえ、福音には一見すると、自分の事が否定されているような、もっと言えば「裁き」にしか思えないような使信が含まれていることがあります。もし説教によって裁きのメッセージだけしか聴衆に残らなければ、それを聞いたひとは元気が出るどころか落ち込むばかりで、教会からの帰路の足どりも重くなることでしょう。

これを「マルタとマリア」の物語から考えてみましょう。

一行が歩いて行くうち、イエスはある村にお入りになった。すると、マルタという女が、イエスを家に迎え入れた。彼女にはマリアという姉妹がいた。マリアは主の足もとに座って、その話に聞き入っていた。マルタは、いろいろのもてなしのためせわしく立ち働いていたが、そばに近寄って言った。「主よ、わたしの姉妹はわたしだけにもてなしをさせていますが、何ともお思いになりませんか。手伝ってくれるようにおっしゃってください」。主はお答えになった。「マルタ、マルタ、あなたは多くのことに思い悩み、心を乱している。しかし、必要なことはただ一つだけである。マリアは良い方を選んだ。それを取り上げてはならない」。（ルカ一〇・三八―四二）

この物語ではせわしなく立ち働くマルタ（四〇節）がイエスに批難され、さらに否定されているかのような印象を受けます。あるいは、イソップ童話の「アリとキリギリス」とは逆に、「キリギリス」が称揚されているかのようにも思えてきます。

しかし、一見冷たくみえるイエスの言葉（四一―四二節）は、マルタ自身が囚われている、せわしなく立ち働かなければならないというある種の「強迫観念」から解放して下さる、厳しくも憐れみ深い言葉だったのではないでしょうか。

わたし自身このような言葉を受けたことがあります。神学生だった時のことです。わたしの奨励を聞いた恩師から次のような一言が発せられました。

「社会問題に取り組むことによってはあなたの実存的な問題は解決されない。本当に聖書の福音によってあなた自身が癒されないなら、神学校を辞めたほうがいい」

わたしは頭が殴られるようなショックを受け、その言葉は胸を貫きました。先生は自らの属する教派内では「社会派」と目される人でしたから、社会問題が奨励で取り上げられたことを問題視したわけではありません。実際、奨励で特定の社会問題を扱ったわけでもありませんでした。にもかかわらず、奨励ひとつでわたし自身の根本的な問題、つまり心の内に当時抱えていた空虚さを鋭く射抜いたのでした。

反発心は不思議と起こりませんでした。その言葉があまりにも当を得ていたこと、そして、その語りが慈愛に満ちたものであったからです。衝撃と同時に妙に解放感もありました。わたしは当時、牧師になろうというよりも、大学時代に陥った人間不信と人生の意味の喪失から、やけになって神学校に逃げ込んだような学生だったからです。それだけに、かえって周囲に「神学校を辞めたい」などと口が裂けてもいえないと頑なに思い込んでいました。しかし、先生の言葉に「辞めてもいいのだ」と気づかされ、憑き物が落ちたような感覚がありました。そして、この恩師の言葉がやがてわたし自身の牧会者への道の決定的な転換点となったのです。

厳しい、それでいて、憐れみ深い、解放的な言葉というのは現実にあり得ます。マルタに語りかけたイエスの言葉は、きっとそんな言葉だったに違いありません。「イエスはマルタを愛していた」（ヨハ一一・五）のですから。

福音――それは必ずしも耳障りの良いものではありません。時に、厳しい要求をつきつけているようにも思えます。しかし、厳しい、にもかかわらず、憐れみ深く、解放的な言葉があります。一見、自分が否定されているようにしかみえない箇所からも、キリストを通して示された神の憐れみと愛、そして解放のメッセージをときあかすことは説教者の務めであると同時に、み言葉にかかわる奉仕の委託を受けた教会の使命でもあります。この使命が十全になされるとき、説教によって「元気が出る」ということもまた現実のものとなるでしょう。その意味で「元気が出る」説教が語られるためには、説教者の努力にとどまらず信徒との協働を欠くことができません。

## そもそも説教とは……

「説教」を意味する語は、英語の場合、ギリシア語のホミレオーに由来するhomilyと、ラテン語のセルモに由来するsermonという語があります。いずれも親しい間柄での会話やおしゃべり、対話を意味します。説教者と説教をめぐって対話ができると、それもまた、み言葉にかかわる奉仕につながることはこれまでにも述べました。

牧師と「直接対話するのはちょっと……」というときには、その日の説教をめぐって教会の仲間と話し合いをするのもいいでしょう。説教が「神の言葉」だからといって、信徒がそれについて感想を言ってはいけないということはないのです。

説教は確かに神の言葉を語ることではありますが、そこには神的側面と人的側面があります。ここで思い出したいのは「キリスト論」です（142頁）。実際、イエスは全き人として人間の手に落ちて十字架に架けられたからこそ、復活を通して全き神性が明らかにされました。

牧師が語る説教は紛れもなく欠点のある人間のつたない作文に過ぎません。その意味では、説教は一旦、人の手に落ちる必要があります。つまり、聴衆からの率直な意見、耳の痛い批判に説教者は謙虚に耳を傾けなければならないのであり、また、教会員の間で説教について自由に語り合われることも大切です。

また、ただのパンやぶどう酒が恵みの器として用いられるように、そのつたない作文で伝えられる説教も主の恵みの媒体、つまり神の言葉として用いられることを忘れてはなりません。

# 4　説教を準備する

## 説教の準備

説教準備の仕方に「絶対」はありません。学問的に裏づけられた手順ということであれば、説教学者の数だけあるといえるかもしれません。ここでは中世修道院の黙想に起源をもつ比較的オーソドックスで、わたし自身が授業で教えている方法を紹介したいと思います。

説教作成には大きく分けて次の三つのプロセスがあります。

（１）説明（ラテン語で「エクスプリカチオ」explicatio）
（２）黙想（同「メディタチオ」meditatio）
（３）適用（同「アプリカチオ」applicatio）

この三つの段階を経て説教が完成しますが、各段階すべてに関わるいくつかの重要な要素にまず触れたいと思います。第一は「祈り」です。説教と祈りの関係については前節「3　説教の内容」で述べた通りです。説教の準備は祈りに始まり、右に挙げた三段階のうちのどの段階でも折にふれて、み言葉を求めて祈るのです。それは説教者が徳を積むためではなく、事柄の秩序として、説教者の霊的欠乏から生まれる類の祈りです。

次に上げる要素は「聖霊の働き」です。説教は聖書の解説にとどまるものではありませんし、聖書テキストの感想や説教者の思想表明でもありません。また、右の三段階を踏めば、自動的に説教原稿ができるというわけでもありません。後述しますが、説教が「神の言」となるのは最終的には聖霊の働きによるほかないのです。それゆえ、先ほどの祈りのなかに聖霊の働きを求める祈りが含まれるのは言うまでもありません。

三つ目の要素は「予備的黙想」です。これは三段階に入る前に行う「作業」です。具体的には、聖書テキストを注解書などの助けなしに、くりかえし読むことです。神学校では、これをギリシア語の新約聖書原典で行うよう奨めています。聖書テキストをくりかえし味わいながら、心に浮かんだ言葉や思いをメモにとっておきます。この「予備的黙想」から得られた洞察がほぼそのまま説教原稿に活かされることもあります。それでは、三つの段階へと入っていくことにしましょう。

（１）説明（explicatio）

これは当該テキストの意味内容を把握し、説明する段階です。通常、聖書の注解書を用いて、語義はもちろん、並行箇所や関連箇所の確認、歴史的背景や状況について使信の解明につながる情報を得ます。この「説明」はさらに「釈義」と「解説」に分けられます。「釈義」はその聖書テキストが（書かれた当時）何を意味していたかを明らかにします。「解説」は「釈義」を踏まえて、そのテキストが今日、何を意味するかを明らかにします。言うまでもなく、「釈義」がそれなりの確実性で遂行されていなければ「解説」はおぼつきません。「釈義」で明らかとなったイエスと弟子やその他登場人物との関係、社会関係、歴史的背景と今日の世界や社会の状況、説教者とその教会の現在の状況との類比的関係において「解説」はその精度を高めるからです。いわば「釈義」がひとつのたとえとなって「解説」の意味が明らかになるのです。

（２）黙想（meditatio）

ここでは、（１）の「説明」を踏まえて、当該聖書テキストのみ言葉をめぐって黙想（メディテーション）を行います。「説明」がかなりの程度「客観的」な作業とすれば、この段階は「主観的」な作業といえます。では、具体的に黙想とはどうすることでしょうか。すでに古典といっていいロヨラによる霊的修練の指南書の『霊操』*という書名は示唆的です。英語では「スピリチュアル・エクササイズ」（Spiritual

＊イグナチオ・デ・ロヨラ『霊操』門脇佳吉訳、岩波文庫、一九九五年。

Exercises）と言います。つまり「霊」（スピリット）の「エクササイズ」ということです。「運動する」という意味のエクササイズが「体操」だとすれば、心や魂に関わるエクササイズが「霊操」というわけです。「体操」では、日常生活ではあまり動かさない体の部位を動かします。黙想も同じように、み言葉をめぐって、普段動かすことのない心や魂の「部位」を動かすことといえるでしょう。

そのとき説教者は普段気づいていない心の動きを意識化したり、半生をふりかえったり、神との関係における自己のあり方や「罪」に気づいたり、自己の実存にとっての福音や、会衆にとっての福音について洞察します。

（3）適用（applicatio）

最後に、「説明」と「黙想」で得られた洞察をもとに、説教テキストを現実の社会や教会、会衆の状況に「適用」します。この「適用」をあらわすラテン語「アプリカチオ」はもともと、ローマ貴族と平民という階級が異なる者同士の社会交渉を意味しました。つまり、階級の異なるもの、次元の異なるもの同士をつなぐということで、古代に書かれた聖書テキストを二千年の時を越えて、今を生きる人びとの使信につなげるということです。さらにいえば、ここで過去と現在とを類比関係でとらえる、あるいは、その類比関係を新たに「発見」するのが「適用」での作業といえるかもしれません。こうして、聖書テキストが現在の会衆への使信として立ち上がってくるわけです。

以上が説教準備のあらましですが、先述したように、この三つの段階を経れば自動的に説教が完成するというわけではありません。ある意味、この三つの手順以上に大切になってくるのが説教者の実存です。それを問うにあたって、カール・バルトが「説教成立の弁証法」とでも言うべき重要な命題を提示しています。* 以下、この命題を少し詳しく見ていきましょう（この命題で「神学者」とされているところは「説教者」と読み替えます）。

〈第一命題〉

① 我々は説教者であるがゆえに神の言を語らねばならない。

聖書にある通り、説教者は神に召されており、キリストの弟子として「神の言」を語らねばなりません。しかし、弟子たちが漁師など取るに足らない市井の民であったように、説教者も凡百の人間にすぎません。したがって、次の〈反対命題〉が成り立ちます。

② 我々は人間であるがゆえに神の言を語ることができない。

* K・バルト『教義学論文集』(上)（「カール・バルト著作集」1）登家勝也ほか訳、新教出版社、一九六八年、一六九頁。

当たり前といえば当たり前ですが、わたしたち人間には神の言を語ることはできません。しかし、〈第一命題〉にあったように、説教者は神の言を語るべく立てられたのであって、神の言を語らねばなりません。どうしたらいいのでしょうか。弁証法という思考過程では、次の段階に進むことを「止揚」（アウフヘーベン）といい、①を「正」、②を「反」として、次の③「合」が導き出されるという考え方をします。

③　それゆえ、神に栄光を帰さねばならない。

もしこの③がなければ、どうでしょうか。わたしたちは絶望に陥って逃げ去るか、逆に、神がかった言葉やトリックを使って、「神の言」を語っていると虚言を弄するほかないのではないでしょうか。

しかし、弁証法とは言いましたが、バルトの弁証法は哲学者ヘーゲルが展開させたような合理的発展を示すものではありません。バルトはキルケゴールの影響を受けていますが、キルケゴールにおいては、説教者の言葉が「神の言」となるとすれば、それは「点」もしくは「瞬間」あるいは「決断」ということになります。* しかし、この「点」「瞬間」「決断」もバルトにおいては「神の栄光」なのです。つまり彼の弁証法は、「合」（③）を合理性のうちに解決できない、つまり人間の力では総合できない「合」なのです。そこでは、説教者は「ねばならない」（①）と「できない」（②）との

＊キルケゴール『反復』桝田啓三郎訳、岩波文庫、一九五六年。

緊張関係のなかに立ち続けねばなりません。

その緊張関係のただなかで説教者ができることといえば、神に栄光を帰するほかないのです。それ以外のあらゆることは、恐ろしいことですが、神を自分と等しくしようとする人間的な企てということになってしまいます。

それゆえ説教者は、取るに足らない、罪あるわたしを憐れみ、説教の奉仕へと立たせてくださる神の恵みと、「神の言」を語らせてくださる聖霊の働きに全面的に頼るほかありません。最初の教会に「神の偉大な業」（使二・一一）を語らせたのは聖霊でした（二・四）。イエス・キリストはわたしたちに「約束された聖霊を御父から受けて注いで」（二・三三）くださったのです。

こうして、説教者に必要なのは、まずもって、自分には神の言を語ることはできない、という自覚です。しかし、にもかかわらず、「聖霊としての神はくりかえし、不可能を可能にする神の恩寵に我々をつれもどし、神の憐れみのもとに『恐れとおののき』をもってこの業に当たらしめるであろう。かくて我々は説教をすることができる*」のです。

## 説教のテーマはどう決める?

日々の説教のテーマはどのように決まるのでしょうか。主日ごとのインテンション（意図）は、第二章「1　聖書日課」のところで述べたように、基本的には特祷に

* 関田寛雄『断片の神学——実践神学の諸問題』日本キリスト教団出版局、二〇〇五年、七〇頁。

言い表されています。そのインテンションに合致した日課が福音書を中心に選択されているので、それが説教のテーマということになりますが、それを必ずその日の説教テーマにしなければならないというわけでもありません。旧約、使徒書、福音書という聖書日課それぞれがもつ固有の主題はもちろんのこと、会衆や説教者の置かれた状況のなかからテーマが絞られてくることもあります。

先述したように説教学者ボーレンは、聴衆は「第二のテキスト」[*]だと指摘しました（152頁参照）。したがって説教者は、聖書のほかに、聴衆（会衆）という「テキスト」も読まなければなりません。ですから、聖書からも聴衆の状況からも語るべき主題が見つかることになります。ところで、聖書からテーマが引き出されることは容易にわかると思いますが、聴衆の状況からテーマを引き出すというのはやや奇異に映るかもしれません。聴衆の状況から重要な説教のテーマがどうして引き出せるのだろうかという問いが予想されます。

第1章の「伝承と編集」の節（38—43頁）で述べましたように、聖書の各伝承が生まれたのは初代教会の「生活の座」からでした。つまり、聖書の言葉が生まれる源泉は初代教会の生活状況だったのです。したがって、説教の言葉が生まれる源泉は聖書だけでなく、教会やその教会の聴衆の状況でもあるといえます。もちろん、それらの状況が説教の言葉が生まれる源泉、といっても、その状況からただ自然に言葉が湧き出てくるわけではありません。説教者とその状況との出会いや関わりのなかから説教

* ボーレン『説教学II』二〇九頁。

者のうちに言葉が生まれてくるのです。その事態はもちろん、説教者が「羊飼い」つまり牧者として仕える現場、牧会の場で起きているものにほかなりません。すなわち、説教の言葉が生まれる「生活の座」は牧会なのです。

テーマだけでなく、説教の言葉も聖書からだけでなく、牧会からも生まれます。遣わされたそれぞれの地で地道な目立たない牧会を続ける説教者に、このことは大きな慰めとなるのではないでしょうか。

## 説教と〝個性〟

「説教は一〇〇％説教者の個性？」「同じ主日に他の教会では説教の内容がちがうこともある？」といった質問が寄せられます。聖公会であれば、原則的に同じ主日に同じ福音書の箇所から説教がなされます。その際、説教者の個性はどれくらい説教に反映されるものなのか。また、そもそも説教に説教者の個性は反映されるべきなのか。こうしたことについて考えてみましょう。

少し分析的に考えてみますと、扱っている聖書テキストが同じで、使用している注解書にそれほど違いがない場合、少なくとも先に述べた「説明」のレヴェルでは「個性」はあまり出ないかもしれません。パウロがそうであったように「伝えられた」ことを語るのですから、個性的な読みは独りよがりの解釈につながり、本来の使信から遠ざかってしまいかねないとも言えます。

聖書に書かれていることは何年経っても、何百年、二千年以上経っても変わることはありません。しかし、つねに変化するのは読み手の状況です。それだけに、時代ごとに状況に応じて同じテキストを読み直し、語り直していかなければならないということはすでに述べました。個性が出るとしたら、説教者が一人ひとり別の人間であることに加え、牧会的状況、つまり「生活の座」が異なることも関係しているでしょう。

聖書を読んでいて興味深いのは、神の言葉が直接、無媒介的に民に伝えられることがないということです。そこには必ず何らかの「媒体」が関わっており、そのほとんどは預言者をはじめとする人間です。どうしてなのでしょう。わざわざ特定の人を通さず、直接人びとに語りかけてもよいのではないでしょうか。この問いに対する答えを聖書は明示していませんが、「神はその独り子をお与えになったほどに、世を愛された」のでした（ヨハ三・一六）。一つの人格を通してしか伝えられないものがあったのです。

一九世紀米国聖公会の説教者フィリップス・ブルックス主教は「説教とは、人格性を通してなされる真理の宣言」と語っています。* 神の言は奉仕する者とその人格を必要とするのです。神は自らの思いを伝えるため、他でもない「あなた」、み言葉に奉仕する「個性」を必要とするのです。

ちなみに京都教区のホームページには教役者の持ち回りで主日ごとに「今週のメッ

* Michael Ramsey, ed. by Dale D. Coleman, *The Anglican Spirit*, New York: Church Publishing Inc., 2004, 141. Phillips Brooks, *Lectures on Preaching*, New York: E. P. Dutton & Company, 1902, 5, 7-8 も参照。

セージ」を掲載し、「過去のメッセージ」も二〇一一年以降のものが閲覧できるようになっています。* それぞれの個性がどの程度、どのように反映しているのかが具体的にご覧いただけるのではないでしょうか。

* 日本聖公会京都教区ＨＰ http://www.nskk.org/kyoto/message/index.html

### 説教の「使い回し」

聖書日課が三年周期であることを前提に「三年ごとの説教の〝ストック〟を使い回す（リメイクする）ことはありますか？」という質問がありました。「使い回し」という言い方はどうかと思いましたが、「リユース」とか「リサイクル」とカタカナにしたところでかえって即物的（？）な感じがしましたので「使い回し」としておきます。

確かに、聖書日課にしたがえば、三年ごとに同じ箇所で説教をすることになります。人にもよると思いますが、それは決して楽なことではありません。考えてみれば、牧師は信徒と比べて他の牧師の説教を聴く機会が極端に少ないので、他の説教者がどうしているのかを本当はあまりわかっていません。となると、確実なことを言えるのは自分のことしかありません。わたしの場合、神学校を卒業して教会勤務に遣わされて以来、原則的に同じ会衆に同じ話をしないことにしています。

かつて司牧していた教会では、午前七時と十時半の聖餐式と、月に一回午後に協力牧師として出向いていた他教会での説教と、一日三回説教をおこなう日があったのですが、それぞれ会衆が異なっていたので同一の原稿で説教をおこなっていました。ところが、あるとき、午後の出向先の教会に説教原稿を持っていくのを忘れてしまいました。それに気づいたのは現地に着いてからのこと。車で二時間ほどの距離なので取りに帰るわけにもいきません。まだ新米牧師だったこともあり、それに気づいたときにはとても焦りました。内心冷や汗をかきながらでしたが、それまでに早朝と主礼拝で二回話をしていたこともあって、説教壇でさながら「勧進帳」の弁慶のような状態で話をしたのを憶えています。今では原稿の電子ファイルを事前にバックアップを兼ねて自分のメールアドレスにでも送っておけばスマートフォンやタブレットで見ることもでき、ここまで冷や汗をかく必要はないかもしれませんね。

### 説教作成にはどのくらい時間がかかる？

主日の説教だけでも年間ざっと五二回は説教をします。その回数だけでなく内容面からしても、ほとんどの牧師にとって説教という奉仕は、苦しみを伴うつとめと言わざるをえません。*「ただでさえ難しい聖書を説き明かすというのはかなりの苦労なのでは」と心配してくださる信徒の方もあれば、説教を聴いて「準備に手を抜いているのでは？」と厳しくも温かいまなざしを説教者に向けている信徒の方もおられるかもしれません。「説教作成の時間はどのくらいか」という質問はそのあたりの関心から来るのではないかと思います。「説教原稿は主日の何日くらい前にできているのか」

* 日本基督教団出版局編『聖書から説教へ』日本基督教団出版局、一九九二年、一六一—一六二頁。

という質問と併せて、この問いを考えていくことにしましょう。

まず、「説教準備にどのくらい時間がかかるのか（かけるべきか）」については、先述した説教を語る所要時間と同様、五時間とか一〇時間とか一概に言うことはできません。しかし、先ほどの説教準備のところで述べたプロセスを辿ろうとすれば、少なくとも一、二時間で終わらないのは明らかです。月曜日には予備的黙想を開始し、週末には「適用」に至って、説教原稿を完成させるのが理想でしょう。

しかし、日々の牧会はもちろんのこと、教会の管理的業務も牧会活動の重要な一部であり、疎かにはできません。近年は一人の教役者が複数の教会を管理するケースも珍しくなってきました。さらに、教区の部局や諸委員の仕事、場合によっては管区の委員会活動、関係学校や施設の業務を兼ねる牧師にとって、説教作成のプロセスを丁寧にたどる時間を確保するのは容易ではありません。実際わたし自身、神学校を卒業後の最初の任地で、原典講読による予備的黙想からスタートする丁寧なプロセスを辿る説教準備を初めはしていたものの、情けないことにそれも三か月で頓挫してしまいました。他にも、急逝された方があったときなど、準備をしている時間がないこともあれば、緊急の事態に直面しているような状況においては、かえって原稿を用意しない方がよい場合もあります。

しかし、時間が限られているなかでも、先述したような説教作成のプロセスを意識するだけでも違うと思います。それは日々の自分の取り組みを省察する枠組みにもなります。とある有名な黙想の指導者の方は「掃き掃除なんかは良い黙想の時間になりますよ」と言っておられましたし、説教学者であるわたしの恩師は「電車のなかでも黙想はできます」と言っておられました。黙想にふさわしい場所や時間を確保することはもちろん大切ですが、その一方で黙想はどこでもできるのです。

その恩師は説教準備にかかる時間を「八時間くらい」とも仰っていました。完成する曜日については、「終末論的です」とも。つまり、週末の土曜日に八時間かけて説教を準備しているということになります。恩師の所属する教派はプロテスタント教会で、主日礼拝はみ言葉中心ですので、説教の所要時間は一時間くらいです。わたしもやはり「週末論者」で、土曜日に六時間くらいです。説教時間はだいたい一五―二〇分ほどですので、恩師と比較すると、時間は長くかかってしまっているといえるかもしれません。

「説教原稿は主日の何日前にできるのか」について考えてみましょう。わたしの場合で言えば、できるのが土曜日になってしまうのは取りかかりが遅いからでもありますが、それだけでもなく、何日か前にできていたとしても、本来の説教は説教壇から語られる「声」なのだという思いがあるからです。説教が説教たりうるのは聖霊の働きによります。あまりに早く原稿を用意してしまうと、「作りおき」のような気がしてしまうのです。

とはいえ、「説教は木曜までに必ず作る」と言っておられる牧師さんもいます。いつどんな務めが突然入るのかわからないのも牧会の特質ですので、それもまた職務への誠実な姿勢であると感じます。

## ５　子どもと説教

日曜学校での話や子どもに聖書の話をする場合についても、いくつかの質問をいただきました。それにお答えする前に、「子どもと説教」について少しお話したいと思います。大人に話す場合も子どもに話す場合も、説教の内容や作成の方法は根本的に何も変わりはありませんが、子どもと大人では発達段階や置かれている環境、認識の仕方などに違いがあります。わたしの恩師はよく「ひと見て法説け」と言っていましたが、神学校の授業で語るとき、主日の説教で語るとき、日曜学校で子どもたちに話すとき、同じ内容でも話し方や言葉の選び方が三つともそれぞれ異なっていて、驚かされると同時に、とても勉強になりました。そのような観点から、子どもと説教をめぐるいくつかの課題について話してみたいと思います。

### いま子どもたちは

子どもたちに話す説教の言葉が生まれる源泉、つまり「生活の座」は、ひとことでいえば、普段の子どもとの関わりということができます。牧会者として子どもと出会い、関わることのほかにも、日曜学校教師として、関係学校・施設の教員や職員として子どもたちと出会い、関わることもあるでしょう。その関わりを通して、子どもたちそれぞれの置かれている状況が伝わってくるはずです。

家庭環境としては、親や祖父母との関係、兄弟姉妹との関係、人種、民族的アイデンティティーなどが挙げられます。核家族化はいまや当たり前のことですが、今日では「ひとり親世帯」が増えていることも気に留めておきたいことです。さらには、児童虐待や、一見裕福で幸せそうでも、子どもに必要なものを与えない「ネグレクト」を感じさせる家庭環境が垣間見えることもあります。最近では幼児でも簡単に操作できる電子メディアが身近に溢れており、情報に接する環境も大きく変わっています。また、発達障害をもつ子どもが増えていることも見逃すことができません。

子どもたち一人ひとりの喜び、悲しみ、悔しさ、困り、不安に直面する「生活の座」において、どのように聖書の福音を響かせることができるのでしょうか。それが子どもたちに「説教」を語るわたしたちの課題です。

## 子どもと福音

二〇世紀の教理学者パウル・ティリッヒは信仰を「究極的な関わり」と定義しました。* その洞察にそくして言えば、人（厳密には、大人）は宗教的問い、すなわち人生の意味、価値、目的をめぐって苦悩し、そこに聖書の言葉が福音として響くと考えられます。

では、子どもはどうでしょうか。大人が宗教的問いをめぐって「どう生きるか」について悩むのとは異なり、子どもは自分自身の存在そのものの価値をめぐって苦悩しているように思われます。その思いを強くしたのは、ある新聞記事を読んだときでした。いわゆる先進諸国の中で、日本の子どもたちの自己肯定感が最も低いという驚くべき統計結果を報じる記事でした。わたしは二〇一五年まで六年間、牧師園長として幼稚園に関わりましたが、保育の現場でも、一人ひとりの自己肯定感をいかに高めるかが重要な課題となっていました。

従来の日曜学校はどのようなものだったでしょうか。わたしが子どもだった一九七〇年代は戦後に日曜学校が栄えた最後の時期だったのではないかと思いますが、日曜学校で楽しく過ごし、多くのことを学びました。わたしが過ごした教会の日曜学校は、沖縄を旅した若い教師が愛楽園のお話をしてくれて、ハンセン病とその歴史、差別について、今思いかえすと、当時としては非常に適切な見方をその時に得ることができました。また、名古屋・笹島での野宿労働者の置かれた状況や彼らへの支援につ

P・ティリッヒ『信仰の本質と動態』谷口美智雄訳、新教出版社、一九六一年、一一頁。

いて聞くこともできました。こうしたことをとても感謝しているのですが、日曜学校のお話の多くは、聖書の物語をひきながら、「親を大切に」とか「友だちと仲良くしましょう」といった、どちらかといえば道徳的、倫理的なお話が多かったような気がします。それがメッセージとして意味をもった時代状況もあったのでしょう。

しかし、先述のように、聞き手の状況は時代ごとに変わっていきます。現代日本の抱える課題として、子どもの六人に一人が学校給食で何とか栄養をつないでいるという現実がある一方で、たとえ家庭が裕福であるとしても、子どもたちは自己肯定感の希薄さを抱えています。社会経済的にも、心理的にも、子どもたちが心豊かに育っていける環境が十分に整えられているとは言えません。

わたしたちは子どもたちと出会い、関わる「生活の座」を通して、一人ひとりの子どもがそれぞれ、神さまに受容されている、愛されていると実感し、自分は生きていても、ここにいてもよいのだという自己肯定感をもてるような使信を、福音として語るよう召されているのだと思っています。

## 子どもに伝えるには

子どもと大人の違いについて先ほど触れましたが、大人と子どもでは認識の仕方がどう違うのでしょうか。大人は基本的に言葉や概念を使ってそれを理解し、体験したことを受けとめます。その事実が受け入れ難い場合にも、やはり言葉や概念で受容できないこととして認識します。

子どもは自分が直面した事実をどう認識するのでしょうか。子どもは大人とは異なり、非言語的、非概念的にものごとを理解します。出来事によって受けとめるといってもいいかもしれません。子どもたちは「遊び」を通して、つまり「ごっこ遊び」や絵本や物語などを介して自己の体験を理解し、認識し、受容していきます。

阪神淡路大震災の数年後に読んだある評論から、このことがまざまざと感じられました。被災した子どもたちの興味深いエピソードがそこには書かれていました。震災後、子どもたちが校庭で廃材を重ねてその上に乗り、それを揺らしながら「地震や！　地震や！」といって遊んでいたというのです。大人がそれを見たら、顔をしかめ、叱ってやめさせるでしょう。しかし、その評論を書いた識者は次のように言います。子どもたちはそうした遊びを通して、震災という衝撃的で容易に受け入れ難い自己の体験を認識し、受容しようとしているのだ、と。遊びを中心とした保育の重要性が保育の現場で強調されるのは、このような認識があるからなのです。

こうした子どもの特質を踏まえると、子どもたちへの説教も、大人に対する説教以上に伝え方が大切な課題となってきます。子どもたちがものごとを遊びを通して理解していくことに着目するならば、聖書のメッセージも歌や楽器、手遊びやお遊戯、手話といった「遊び」を通して、うまく伝えられることでしょう。その際、さまざまな視覚媒体を利用することが考えられます。縫いぐるみやお人形、紙芝居や写真などです。発達障害のある子どもの中には、聴覚情報よりも視覚情報の受けとめが得意な傾向のある子もいます。こうした媒体を使うことによって、いま何が話されていて、どんな成り行きになるのかという見通しが立てやすくなり、その場を安心して過ごせるようです。

とりわけ聖公会の礼拝堂は「視覚媒体」にあふれています。これを使わない手はありません。わたしが園長をしていた頃、毎週の園児礼拝では、サクラメントではないにもかかわらず、敢えてストール*を着けていました。子どもたちは「ネクタイ」と呼んでいましたが……。

子どもたちが「えんちょうせんせいのネクタイ、きょうは色、ちがう！」とでも言ってくれたらしめたもの。「これはみんなのお父さんがしているネクタイに似てるけど、ストールといってね……」と、ストールの由来とされる「軛《くびき》」（マタ一一・三〇）や洗足の際のイエスの「手ぬぐい」の話をします（ヨハ一三・五―一四）。また、「色、ちがう！」のところをとりあげて、ストールや聖卓の掛け布（フロンタル）など、教会暦の期節ごとの色やその意味へと話を広げることもできます。こうした聖布や装飾とその祭色はもちろんのこと、聖具や聖器も使えます。

灰谷健次郎の小説『兎の眼』では、新米の小学校教師、小谷先生が作文の授業で、マトリョーシカのように包みや箱をひとつずつ開けていって中身への興味を掻き立て、開けるたびごとの気持ちを子どもたちに綴ってもらうという作文教育の場面があ

灰谷健次郎『兎の眼』理論社、一九七八年

りました。それにヒントを得て、わたしも聖卓の上にチャリス・ベールの聖餐セットを置き、まずベールを外し、ポールをとり、パテンを外し、ホースト（司祭用のウェファー）を掲げた後、ピューリフィケーターを広げて見せ、最後はチャリスを持ち上げて、チャリスは「カリス」つまり「恵み」をあらわし、キリストの十字架と復活を通して、いかに神さまがみんなを愛しているかを話したことがあります。こうして、聖公会のもつ「目に見えない霊の恵みの、目に見えるしるし*」を重視するサクラメンタルな性格は、教育の場においてもたいへん有効に活用しうると思うのです。

　教会が長い年月を越えて大切にしてきたさまざまな「しるし」によって、目に見えるものを越えた世界が開かれます。つまり、目には見えないけれど、この「わたし」を造り、究め、知っておられ（詩一三九・一―五、一三―一四）、十字架と復活の出来事によって「わたし」を受容し、その霊によって愛のうちに他者と結びつけ、天上の宴を先取りするその食卓に招いてくださる方がおられる――。教会の礼拝と種々の象徴的要素は、そのような根源的な、いのちとその存在の根拠となる生の超越的な次元、「人間実存の神秘*」へと子どもたちを導くのではないでしょうか。

　以上のように、伝達の媒体として用いることのできるものはかなり幅広くあります。それは大人への説教でも同様です。わたし自身、当然ながら神学校の授業ではオーソドックスな言葉中心の説教学を教えていますが、伝達の媒体はある意味「なんでもあり」と思っています。

「祈祷書」二六二頁。

P・ティリッヒ『文化の神学』（『ティリッヒ著作集』第七巻）谷口美智雄ほか訳、白水社、一九七八年、二一八―二一九頁。

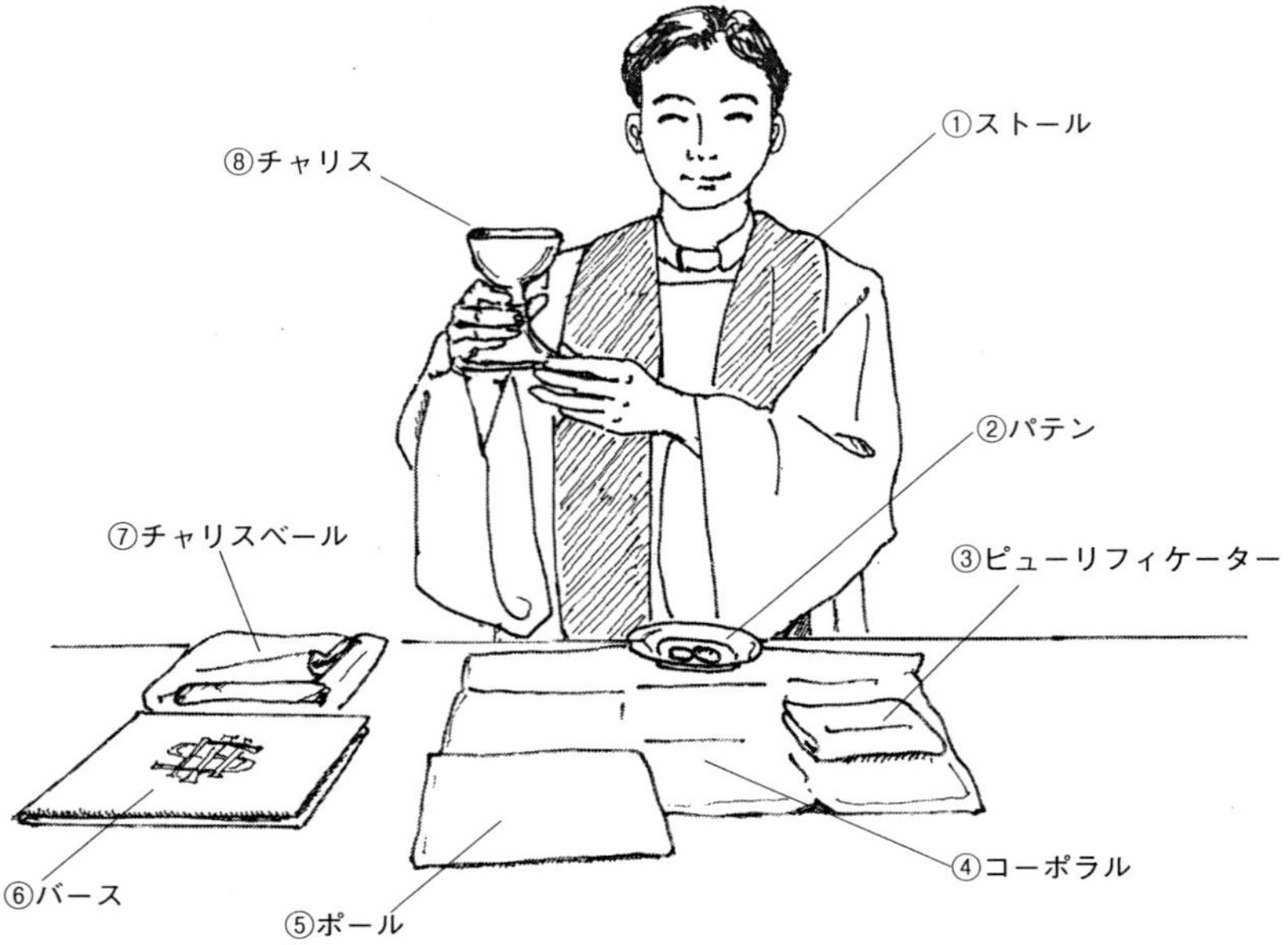


①ストール

サクラメント諸式を執行する際、主教・司祭・執事が着用する幅七～一二センチ、長さ二四〇センチ程度の帯状の絹織物（祭服については、『今さら聞けない!? キリスト教 礼拝・祈祷書編』「第10章 聖公会の祭服と祭色」参照）。

②パテン

聖餐式のパン（ウェファー）をのせる皿。司祭用の大きなパンは「ホースト」と言う。

③ピューリフィケーター

三〇センチ程度四方の白い麻布。司式者が指をぬぐったり、信徒の陪餐後にチャリスを清めるために使用する。

④コーポラル

五〇センチ程度四方の白い麻布。聖餐式の準備中はバースに収納し、聖餐式の奉献・聖別のときに聖卓に広げて用いる。イエス・キリストの体（corpus）である聖別されたパンとぶどう酒を、パテンとチャリスに入れてこの上に置くことから、名がつけられている。

⑤ポール

白い麻布に芯を入れて板状にした一八センチ程度四方の覆い。埃よけとしてチャリスの蓋に用いる。

⑥バース

聖餐式で使用する布類をはさむ袋状のケース。

⑦チャリスベール

聖餐式の準備の間と終了後に、チャリスとパテンほか聖卓上で用いる祭具にかけるカバー。

⑧チャリス

聖餐式のぶどう酒を入れる杯。

また、声の大きさや話す速度についても配慮が必要でしょう。神学生の頃、大阪・生野での実習で、地域の保育イベントに参加したことがあります。わたしはヨーヨー風船つりのお手伝いをしたのですが、そのブースの担当は、当時としては珍しい男性のベテラン保育士さんでした。彼は「おー、ええもん釣れたなあ！」といった声かけを子どもたちにするのですが、はっきりとした大きな声であるのはもちろんのこと、大人の感覚からすればまどろっこしいくらいにゆっくり、ゆったりとした口調だったため、「ああ、このくらいゆっくり話さないと子どもたちには伝わらないのだな」と驚くとともに、とても印象に残りました。その後、子どもたちに話をする時にはこの保育士さんの発話と同じようなスピードを心がけています。

このように伝達媒体や口調、発話の工夫は、とりわけ子どもたちへの説教ではとても大切です。しかし、伝達媒体に何を用いるかは話者の好みや特技も大きく関わってきますし、発話にもそれぞれの個性や能力が関係します。工夫を凝らそうとして、あまり背伸びをし過ぎると、かえって逆効果ということにもなりかねません。

根本的には、教師が日々子どもたちの話を聞く姿勢がなければ、子どもたちが教師の話に耳を傾けるということはありません。そうした姿勢をふくめ、個々の能力や才能を越えて決定的なのは、その子をただ愛する、ということではないでしょうか。説教者や教師、話者との関わりのなかで、自分が大切にされていることを子どもたちが実感し、それを通して、神さまから大切にされていると心から感じられること（Ｉ

ヨハ四・一六)。どのような伝達方法をとったとしても、それによって伝えようとするメッセージの内容があくまでも重要なのです。そのような「要」があれば、扇をどのように開いて、お話や遊びを展開してもいいのです。

## 聖書の話を子どもたちに

子どもへの説教や、子どもたちに聖書の話をするときに考慮すべき課題について述べてきました。ここでもう少し具体的な場面について考えてみることにしましょう。

子どもに「聖霊」「悪魔」「天使」について説明するという場面はどうでしょうか。イエスの姿やその人格性については、福音書にそれなりの量の情報が書かれているので、かなり具体的に知ることができますが、「聖霊」「悪魔」「天使」の場合、その存在は超越性が高く、自分でも理解が難しいことを子どもたちに話して聞かせることに困難を感じるのは無理もありません。ただし、それぞれにそれなりのキャラクターや役割といったものがあるので、それを理解すれば、話をするときの助けになるかもしれません。

まずは「聖霊」から。三つのうちでは最もキャラクターがつかみにくいと感じられるのではないでしょうか。目に見えないばかりか、イメージも思い浮かべにくいのではないでしょうか。「聖霊」という言葉が使われた途端、わたしたちは思考停止してしまうようなところがあるのだと思います。しかし、わたしたちが信じているのは

「父と子と聖霊」の神です。つまり、「父なる神」や「子なるキリスト」と切り離して「聖霊」を考えることはできません。したがって、聖霊がどのようなキャラクターに近いのか、「父」や「子」のキャラクターを意識して話せば、それなりの具体像が示せるのではないでしょうか。

聖霊の「役割」に着目するのもいいかもしれません。「教会の誕生日」と呼ばれる聖霊降臨（ペンテコステ）の出来事では、地元ガリラヤの人たちが「聖霊に満たされて」世界の国々のそれぞれの言葉で話し始めました（使二・一―一三）。それはバベルの塔の物語（創一一・一―九）で、人びとがバラバラにされたことの回復という意味があります。これは聖霊が多種多様な言語、文化や人種、民族の人びとと関わるよう働いているとみることができます。また、日本では「縁」という言葉があります。これは仏教に由来する言葉のようですが、この「縁」をキリスト教的に言うと「聖霊の働き」なのではないかとわたしは解釈しています。人と人の間で働き、人と人を結びつけていくのが聖霊の働きではないでしょうか。「神」を定義して、「関係における力」と言っている神学者もいます。

次に「悪魔」について。聖書の「悪魔」「悪霊」は「悪」というものを人格的にとらえた語です。そのキャラクターについては、とりわけイエスが伝道開始直前に受けられた荒野での誘惑の物語に明らかです（マタ四・一―一一、ルカ四・一―一三）。漫画や映画の影響でしょうか、「悪魔」というと、ついつい「尖った耳に吊り目で、耳まで裂けた口……」といった姿を想像してしまいます。しかし、「誘惑物語」にはそのような外見は描かれていません。

また、誘惑の内容もあからさまな悪を勧めるというより、甘い言葉をささやいているといった方がよさそうです。ここでわたしは子どもの頃、テレビで見たインタビューのことを思い出します。リポーターがアフリカの住民に「サバンナの生活でいちばん怖い動物は何か」ときいていました。リポーターも視聴者も当然、ライオンなどの猛獣が答えだろうと予想していましたが、予想に反して、答えは「象」でした。少し驚いたリポーターがその理由を尋ねると、「やさしい目をしているから」と言うのです。童謡「象さん」のイメージの通り、象はやさしい目をしています。その「やさしい目」に油断して、つきあい方を誤ると、踏み潰されたり、家屋をなぎ倒されたりすることになるというのです。聖書の悪魔も、やさしそうな目をしていたのでは、と想像したくなります。

ルターは「神の言葉があなたの内に根づき成長するや否や、悪魔はあなたを襲い」、「あなたに神の言葉を追い求め愛することさえ教える」と言っています。*「誘惑物語」の悪魔も自己顕示欲や権力欲、支配欲を巧みに突いて甘言を弄します。子どもたちにいま挙げたような欲望があるとは思いませんが、「思いやりのあるやさしい気持ちを育てる」といった保育方針の対極にある「自己中心性」を勧めるのが悪魔の専売特許といえるのではないでしょうか。例えば、こうした線にしたがって、子どもたちが関

Spitz, Lewis W. ed., Lehmann, Helmut T., General ed., *Career of the Reformer IV*, "Luther's Works vol. 34", Muhlenberg Press, 1960, 287.

心を抱いていることや生活という状況のなかに「悪魔」のイメージを見つけていくことが大切でしょう。また、その線と重なりそうな絵本や童話、アニメのキャラクターをたとえとして用いるのもいいかもしれません。

最後に「天使」です。天使は聖書の原語ギリシア語では「アンゲロス」と言います。これは「伝達」という意味を含んだ語です。なお、「福音」をあらわす「エウアンゲリオン」（英語風に読めば「エヴァンゲリオン」）は「十分な／に」をあらわす「エウ」と、「伝達」と関係する「アンゲロス」の類語「アンゲリオン」からなります。「福音」はもともと「十分に伝えられたもの」を意味しているのです。

天使は神からのメッセージを「伝える者」です。「説教は解釈なのか」の項でも述べたように、神はご自分の思いを人間に伝えるとき、媒体となる伝達者を必要とします。その意味ではわたしたちもまた「天使」のようなものとなるよう求められているといえるのかもしれません。子どもたちはその存在そのものがわたしたち大人に愛を伝えているともいえますが、神は「よい知らせ」を運ぶために他ならぬ「あなた」を求めているということは、ぜひ子どもたちに伝えたいですね。

## 子どもに新約聖書を伝えるには

「旧約聖書には物語的な話が多いが、新約聖書は福音書以外では物語が少なく、日曜学校での話題に悩むことが多い」という質問がよく寄せられます。パウロが書いた手紙をはじめとする書簡類の場合、物語とは異なって論理的・概念的な文章が多いため、子どもたちにわかりやすい話をするのが難しいということでしょう。確かに書簡類には各地の教会の具体的な課題に対処するために書かれているものが多く、内容も神学論文といってもいいようなものや倫理的勧告がいくつもあって、物語として話をするのは難しいでしょう。過度に倫理や道徳に重心を置いて語ることになれば、福音であるはずの聖書の使信から離れてしまうことにもなりかねません。

このことを考えていくとき、まず思い出したいのは、書簡類の成立事情です。パウロの書簡に限っていえば、それらは確実に福音書成立の数十年前に書かれています（37頁「新約聖書の執筆年代」参照）。現在わたしたちの手もとにある聖書では書簡類が福音書の後に置かれていますから、成立年代は逆のように思いがちですが、イエスの出来事のわずか二〇年後くらいにはすでにパウロの書簡が書かれています。その頃はイエスの出来事の直接の証言者たちがまだ生きており、教会には出来事への共通理解がありました。そのため、イエスの生涯を書物にする必要はまだなかったのです。しかし、最初の証言者たちも次第にいなくなり、一部の人が伝承を独占するような状況になったとき、イエスの生涯および十字架と復活の出来事とその使信を描く福音書が必要となったのです。

パウロの語っていることは一見すると抽象的・概念的にみえますが、その背後には当時の教会の共通理解、つまり具体的なイエスに関する事実がありました。ですから、今日においてパウロの使信を読む際には、パウロの書簡に書かれていることの背後にどんな事実があったのかをたどってみる必要があります。

例えば、有名な「愛の賛歌」（Ⅰコリ一三・一―一三）から、とくに「忍耐」を扱った一三章四―七節を取り上げてみましょう。この部分を文脈から切り離して読むと、どうでしょうか。

愛は忍耐強い。愛は情け深い。ねたまない。愛は自慢せず、高ぶらない。
礼を失せず、自分の利益を求めず、いらだたず、恨みを抱かない。
不義を喜ばず、真実を喜ぶ。
すべてを忍び、すべてを信じ、すべてを望み、すべてに耐える。

徳の高い倫理、もしくは、わたしのような凡人には到底実行できそうもない高邁な理想を求められているとしか思えないのではないでしょうか。実際、わたしは若い頃この箇所が苦手でした。ここで説かれているような「愛」から自分が程遠く、圧迫感しか感じられなかったからです。

しかし、神学校を出てから、この箇所をくりかえし黙想するうちに、これが理想を述べたというより、むしろパウロが実際に生きた現実であることに気づかされました。この箇所は彼の実体験に基づく証しなのです。実際、他の書簡には「苦労したことはずっと多く、投獄されたこともずっと多く、鞭打たれたことは比較できないほど多く」（Ⅱコリ一一・二三）とあり、使徒言行録をみると、その出来事が記録されています（一六・一六―四〇、とくに一六・二二―二三参照）。そして、パウロがこれほどの苦難を耐え抜くことができたのは、パウロに先立ってキリストがそれ以上の苦難を耐えていたという事実があったからなのです。その苦難が四つの福音書の受難物語の中に書かれているのです。

「愛は忍耐強い」という使信は高邁な理想ではありません。「あなたがたもその通り生きなさい」という強制や、「この通り生きられないものには愛がないのだ」という裁きの言葉ではないのです。その愛は自力で愛を達成できない弱いわたしたちに向けられた神の愛なのです。それがパウロの支えとなっていたということなのです。「神はその独り子を遣わしたほどに世を愛されました」。それは「わたしたちが生きるようになるため」（Ⅰヨハ四・九）でありました。

このように、書簡類の一見すると抽象的・概念的な言葉も、その背後には物語があるということになります。そうした書簡から子どもたちに話をするときには、いったん福音書などに基づいたイエスやパウロの物語を思い起こすことができるようにしながら、お話を準備すると、子どもたちにもわかりやすい話になるのではないでしょうか。

子どもと説教をめぐる課題に関しては、常にわたしの胸に響き続けている言葉があります。ある教会で司牧していたときのことです。その頃（今もですが）、礼拝に子ども用と大人用の区別があるはずもなく、子どもたちがいかに「大人の礼拝」に参加できるか、つまり、どのようにすれば聖餐式で大人と一緒に過ごすことができるかを考えていました。ある信徒の方とそれについて話していたときのこと、わたしが聖餐式文は「子どもにはわかりにくいですもんね」と言ったところ、その方は瞬間的に微かに毅然とした表情をされ、「『わかる』というのは、どういうことでしょうか。子どもなりに理解しているのではないでしょうか。そして、『平和の挨拶』や『献金』のときには自分たちの出番と思って（会衆）席をまわっていますよ」と言われました。わたしはこのとき顔から火が出るような思いがしました。大人並みに理解することが「わかる」ことであり、そのように理解できない子どもは「わかってない」、要するに自分が子どもを見下していたことに気づかされたからです。

子どもたちのなかには広大な「宇宙」が広がっています（河合隼雄）。わたしたち大人も、子どもの頃のことをよくよくふりかえってみると、どうでしょうか。子どもなりに、「突然この世界から母親がいなくなったらどうしよう」「どこを探してもみつからなかったらどうしよう」と心配していたり、「実は目には見えないメガネのようなものをかけていて、それをとるとこの世界は灰色なんじゃないか」と想像して不安になったりしていたのではないでしょうか。子どもたちは大人が思っている以上に、子どもなりの仕方で「死」や、この「世界」、「神」について考えていたりします。

そのことを踏まえれば、おのずと、わたしたちが子どもたちに向かう姿勢も変わってくることでしょう。そして、その「宇宙」は、どこか「天の国」とつながっていることに気づかされるのです（マタ一八・二―三）。

# 参考文献

## 聖　書


『聖書　新共同訳』日本聖書協会、一九九九年
『旧約聖書I』旧約聖書翻訳委員会訳、岩波書店、二〇〇四年
『新約聖書』新約聖書翻訳委員会訳、岩波書店、二〇〇四年


## 聖書概説・聖書学


K・アーラント（ギリシア語版監修）『四福音書対観表 ギリシア語―日本語版』荒井献／川島貞雄（日本語版監修）、日本基督教団出版局、二〇〇〇年
浅見定雄『旧約聖書に強くなる本』日本基督教団出版局、一九七七年
雨宮慧『旧約聖書』ナツメ社、二〇〇九年
荒井献『イエスとその時代』岩波書店、一九七四年
荒井献ほか『総説新約聖書』日本基督教団出版局、一九八一年
荒井献編『新約聖書正典の成立』日本基督教団出版局、一九八八年
石田友雄ほか『総説旧約聖書』日本基督教団出版局、一九八四年
海老澤有道『日本の聖書――聖書和訳の歴史』講談社学術文庫、一九八九年
大貫隆／山内眞『新版総説新約聖書』日本基督教団出版局、二〇〇三年

岡村民子『聖書的文脈においてのひびきあい』新教出版社、一九九二年
加藤隆『新約聖書はなぜギリシア語で書かれたか』大修館書店、一九九九年
川島貞雄他編『新共同訳 新約聖書注解Ⅰ』高橋虔/B・シュナイダー監修、日本基督教団出版局、一九九一年
H・コンツェルマン『時の中心——ルカ神学の研究』田川建三訳、新教出版社、一九六五年
E・シャルパンティエ『旧約聖書の世界への旅』柳下崇子/椎尾匡文訳、太田道子(日本語版監修)、サンパウロ、一九九六年
E・シャルパンティエ『新約聖書の世界への旅』井上弘子訳、鈴木信一(日本語版監修)、サンパウロ、一九九七年
田川建三『原始キリスト教史の一断面——福音書文学の成立』勁草書房、一九六八年
田川建三『書物としての新約聖書』勁草書房、一九九七年
橋爪大三郎『教養としての聖書』光文社、二〇一五年
速水敏彦『イエスの教え・マタイのアングル』聖公会出版、一九九二年
速水敏彦『新約聖書・私のアングル——だれでも講座』聖公会出版、一九九六年
A・ノーラン『キリスト教以前のイエス』篠崎榮訳、新世社、一九九四年
E・ホスキンス/N・デイヴィ『新約聖書の謎』菅円吉訳、日本基督教団出版部、一九六四年
M・E・ボーリング『現代聖書注解ヨハネの黙示録』入順子訳、日本基督教団出版局、一九九四年
渡辺善太『聖書論　第一巻　聖書正典論』新教出版社、一九四九年

**教会史、教理史、組織神学**

エウセビオス『教会史』第二巻、秦剛平訳、山本書店、一九八七年

栗林輝夫『荊冠の神学――被差別部落解放とキリスト教』新教出版社、一九九一年
D・ゼレ『働くことと愛すること――創造の神学』関正勝訳、日本基督教団出版局、一九八八年
P・ティリッヒ『信仰の本質と動態』谷口美智雄訳、新教出版社、一九六一年
P・ティリッヒ『文化の神学』（「ティリッヒ著作集」第七巻）谷口美智雄ほか訳、白水社、一九七八年
K・バルト『教義学論文集』（上）（「カール・バルト著作集」1）登家勝也ほか訳、新教出版社、一九六八年
K・バルト『神認識と神奉仕・教会の信仰告白・キリスト教の教理』（「カール・バルト著作集」9）宍戸達ほか訳、新教出版社、一九七一年
A・リチャードソン『キリスト教教理史入門――諸信条の成立』S・H・パウルス訳、日本聖公会出版部、一九六八年
Lewis W. Spitz, ed./Lehmann, Helmut T., General ed., *Career of the Reformer IV*, Luther's Works vol. 34. (Muhlenberg Press, 1960).
John Macquarrie, *Principles of Christian Theology*, 2nd ed. (New York: Charles Scribner's Sons, 1966).

**祈祷書、礼拝学**

『救主降生一九五九年改定 日本聖公会祈祷書』日本聖公会教務院、一九五九年
『救主降生一九九〇年 日本聖公会祈祷書』日本聖公会管区事務所、一九九一年
森紀旦編『聖公会の礼拝と祈祷書』聖公会出版、一九八九年
編集委員会編『改訂増補　日本聖公会祈祷書解説』日本聖公会管区事務所、一九九四年

佐々木厚『おれむす』聖シプリアン会、一九五五年
J・マッコーリー『礼拝と祈りの本質——新たな霊性の探求』大隅啓三訳、ヨルダン社、一九七六年
森紀旦『主日の御言葉——教会暦・聖餐式聖書日課・特祷』聖公会出版、二〇〇〇年
吉田雅人『今さら聞けない⁉ キリスト教——礼拝・祈祷書編』（ウイリアムス神学館叢書Ⅰ）聖公会出版、二〇一五年

**説教学**
関田寛雄『聖書解釈と説教』日本基督教団出版局、一九八〇年
関田寛雄『われらの信仰』日本基督教団出版局、一九八三年
関田寛雄『断片の神学——実践神学の諸問題』日本キリスト教団出版局、二〇〇五年
日本基督教団出版局編『聖書から説教へ』日本基督教団出版局、一九九二年
R・ボーレン『説教学Ⅱ』加藤常昭訳、日本基督教団出版局、一九七八年
D・ボンヘッファー『説教と牧会』森野善右衛門訳、新教出版社、一九七五年
R. H. Fuller, *What is Liturgical Preaching? Studies in Worship and Ministry* (London: SCM Press, 1957).
R. H. Fuller and D. Westberg, Preaching the Lectionary: The Word of God for the Church Today, 3rd ed. (Collegeville, Minnesota: Liturgical Press, 2006).

**アングリカニズム**
全聖公会中央協議会『真理はあなたがたを自由にする——一九八八年ランベス会議 諸報告・諸決議・牧会書簡』八代崇ほか訳、飯田徳昭監修、日本聖公会管区事務所、一九九〇年

W・J・ウルフ『聖公会の中心』西原廉太訳、聖公会出版、一九九五年
塚田理『イングランドの宗教――アングリカニズムの歴史とその特質』教文館、二〇〇四年
Richard Hooker, *Of the Laws of Ecclesiastical Polity*, Vol. 2: Books 5 (London: J. M. Dent & Sons Ltd, 1907).
Michael Ramsey, *The Anglican Spirit*, ed. by Dale D. Coleman, (New York: Church Publishing Inc., 2004).
"The Truth Shall Make You Free", The Lambeth Conference 1988: The Reports, Resolutions & Pastral Letters from the Bishops (The Anglican Consultative Council, 1988).

## その他

河合隼雄『子どもの宇宙』岩波新書、一九八七年
キルケゴール『反復』桝田啓三郎訳、岩波文庫、一九五六年
塩谷直也『迷っているけど着くはずだ』新教出版社、二〇〇〇年
灰谷健次郎『兎の眼』理論社、一九七八年
J・ピーパー『余暇と祝祭』稲垣良典訳、講談社学術文庫、一九八八年
イグナチオ・デ・ロヨラ『霊操』門脇佳吉訳、岩波文庫、一九九五年
*The Oxford Dictionary of the Christian Church*, ed. by F. L. Cross, (Oxford Univ. Press, 1974).

## ウェブサイト

和田幹男ＨＰ「詩編入門講座Ｉ――時課典礼（教会の祈り）を唱えるために」

http://mikio.wada.catholic.ne.jp/PSALMI_1.html

日本聖書協会ＨＰ

http://www.bible.or.jp/know/know01/know03.html

全世界聖公会（アングリカン・コミュニオン）公式ＨＰ（Anglican Communion - Official Site）

http://www.anglicancommunion.org/

The Prayer Book Society

http://www.pbs.org.uk/pbs/

# あとがき

本書の「まえがき」でも述べたとおり、講座初回のワークショップでは、聖書・聖書朗読・説教に関する多くの「今さら聞けない」質問を受講生のみなさんから出していただきました。その後、それらの質問をパソコンに入力しながら整理をしたのですが、その作業をしながら次のようなことが頭に浮かんできました。

キリスト教会の歴史をふりかえると、正式な教理や聖書正典の範囲が、高位聖職者や神学者たちによる難しい議論や論争により決定されました。しかし、もとよりそうした問題は、こうした会議で話し合われるよりもずっと前に、信徒・教役者のあいだで、つまり教会の現場で、時に激しく、時に静かに（あるいは潜在的に）動いてきた問題だったのです。したがって、教会の公式の会議で決められたことは、一見トップダウンに見えながら、その実、いわば草の根から上部機関へとボトムアップされた問題ともいえるのです。

したがって、この講座の受講者は二〇人ほどの小さい集団ではあるのですが、そうではあれ、そこで問われた問いは、日々各地で教会生活を送る信徒の信仰生活から発せられたのであり、それらは確かに草の根から上がってきた問いに違いありません。場合によっては、教理を左右するような、それこそ世界の教会で議されるべき重要な課題をはらんでいるといっても過言ではないでしょう。

とはいえ、世界的な教会会議はもちろんのこと、日本聖公会総会、いや教区会の決議でさえも、その多くが、わたしたちの目にはトップダウンに映ることのほうがリアルな現実なのかもしれません。ちなみに、そのように映るのは、たいていの場合、肝心な「ボトム」の意見をすくいとる努力が不十分であったり、丁寧な説明がなされていないことからきているのではないでしょうか。公会の聖職の一人として、自戒を込めて思うところです。

それはともかく、以上のことを踏まえて、この本で読者のみなさんと共有したかった基本認識は、何かの映画の台詞みたいですが、「事件は公会議で起きているのではない。教会の現場で起きている」ということです。「事件」というとちょっと物騒かもしれません。もちろん教会史上、「事件」と言いうる事柄も起こらないできたわけではありません。

しかし、ここでは「事件」といっても、そういった大きなことだけでなく、信仰生活に関わるさまざまな事象や出来事をも含んでいます。実際ごく初期のクリスチャンたちも、本書で述べたように、その礼拝の際、現在のようなまとまった形の祈祷書や式文を用いていたわけではなく、当時さまざまに流布していた祈祷を適宜用い、また聖書についても、新約聖書が正典化される前に、やはり様々に流布していた（後に新約聖書として編集されることとなる）伝承を朗読し、またこれを聴いておりました。その過程で新たなキリスト教伝承が形成されていったのです。だとすれば、日常的なわたしたちのごく小さなみ言葉にかかわる奉仕への取り組みもまた、ある意味で新たなキリスト教伝承の形成への参与といえるのではないでしょうか。本書を通して、日々の信仰生活や礼拝への参加が、そのようなダイナミックな流れのただ中におかれていることを読者のみなさんと分かち合うことができましたならば、この上ない幸いです。

種々の事情により第1巻から叢書の続刊としては長い年月が経過してしまい、当時受講してくださった方々はじめ本書の刊行をお待ちくださった皆様にはご迷惑をおかけしてしまいました。この場を借りてお詫び申し上げます。

さて、遡ること二年前となりますが、当初、講座の担当はともかく書籍化については躊躇せざるをえませんでした。というのは、今回の内容上、筆者が神学校で担当している「説教論」をはるかに越える聖書学や礼拝学といった領域に関わることを含んでいるからです。

しかし、そのように臆する筆者の背中を、当時の吉田雅人館長、故・大塚勝主事をはじめとする諸先生方、また、とりわけ本学の菊地伸二教授は「信徒の中から出てきた思いや問いとの出会いから展開されるものだから……」との慰めと励ましとともに、後押ししてくださいました。そこで、決して平坦とはいえない人生行路を信仰に寄り頼みつつ歩む信徒との対話からなった実りであるならば、そうした諸兄姉はもとより他の同信の友や初めてキリスト教に接する方々にとっても、あるいは幾ばくかの収穫となりうるのでは……。そう思い直して、諸先生方への心からの感謝とともに、自らの浅学非才を顧みず本書を上梓することといたしました。

本書は多くを筆者の神学校時代の恩師、関田寛雄先生（日本基督教団・神奈川教区巡回教師）の教えに負うています。師との出会いがなければ筆者は牧師として立つことはできませんでした。本書を、言い尽くせぬ感謝とともに同師へ、及第点をいただけるか心もとないのですが、学生が卒業論文を提出するような気持ちで献げたいと思います。

本書の出版にあたっては、多くの方々にお世話になり、ご協力を頂きました。受講生のみなさんの率直な問いかけと講座への真摯な姿勢がなければ本書は生まれませんでした。もとより、駆け出しの司祭であった筆者に説教学を神学校で講じるよう勧めてくださったのは、当時司牧していた京都聖ヨハネ教会信徒、熊谷晋一兄でした。娘・唯は折にふれて応援の言葉をかけてくれましたし、妻・恵は草稿を読んで「すべてにわたってあなたの説教やね」と、慰めと今後の研鑽への励ましとなる感想を語ってくれました。本館主事・鈴木恵一司祭はカバー写真の撮影や聖書年表の作成ほか、多方面でご尽力くださいました。最後になりましたが、今回の書籍化にあたり、講義録の再構成をはじめ教文館・倉澤智子氏には大変お世話になりました。

これらの方々に心から感謝の意を表します。

二〇一八年七月　司祭叙任二〇年の年に

司祭　ヨハネ　黒田　裕

# 神様との豊かな関係のため
## ——「ウイリアムス神学館叢書」発刊によせて

ウイリアムス神学館理事長　主教 ステパノ 高地　敬

教会での活動は、そのほとんどが、いや、そのすべてが神様との関係の中で成立しています。ただ、主日礼拝を中心とした信仰生活は長年の間に身に沁みついていて、その内容について意識的に考えることは少ないのではないでしょうか。神様との関係を大切に生かすためにも、教会でのすべてのこと、聖書、礼拝、信仰の内容、教会の歴史、その他の活動などを振り返ることはとても意義深いことです。それを通して、教会の活動の範囲だけでなく、私たちの生活もこの世界のすべても神様のみ手の中にあって、私たち自身が常に神様との関係の中に生き、生かされる存在であることを改めて心に留めることができるでしょう。

特に礼拝のことで言えば、そのそれぞれの要素の歴史や意味を学んで改めて普段の礼拝が生きてくることになります。ただ、礼拝の構成要素や一つ一つの言葉の意味は二千年の教会の歴史の中で発展してきていて、それが「伝統」となり、現代人の目からは矛盾や不合理として捉えられるものもあります。その矛盾や不合理をどのように受け止めるのか、悩みながらも考えをめぐらせて学ぶことができればと思います。

これら教会関係の学びのため、この度、ウイリアムス神学館叢書を発刊することとなりました。これは京都地方部でお働きになった永田保治郎師とその宣教の姿勢を記念する皆様から当神学館に多額の御献金をいただいたことがきっかけとなっております。神学館といたしましてその御趣旨を大切にし、「永田保治郎師記念基金」として研究や教育のために用いさせていただきます。神様のお働きの一端を至らないながらも担わせていただいている者として、関係の皆様に心より感謝いたしまして、教会の皆様と共に学ぶ機会が一層与えられたものと受け止めております。私たちの神学館は神学生が数人ととても小さなものですが、小回りの利く利点を生かして着実に叢書を発刊してまいります。どうぞご一読いただきまして、ご感想や不明な点などお聞かせいただければ幸甚に存じます。

神様と教会との関係をより一層豊かにするため、この叢書が少しでも多く役立てばと心から願っております。

《著者紹介》


黒田　裕（くろだ・ゆたか）

1969年愛知県生まれ。立命館大学法学部、聖公会神学院卒業。立教大学大学院博士前期課程修了（組織神学専攻）。日本聖公会司祭（京都教区）。司牧の傍ら、聖職試験委員、神学教理委員など日本聖公会管区の委員のほか、平安女学院大学チャプレン（2000年〜）、ウイリアムス神学館教員（2001年〜）、聖公会神学院専任教員（2005年〜）、下鴨幼稚園園長（2009年〜）、ウイリアムス神学館副館長（2009年〜）を経て、同館長（2017年12月〜）となり、現在に至る。

論文　「試論――大学チャペル・アワーとは何か」（平安女学院大学『研究年報』2002年）、「王政復古後英国における説教『改革』」（聖公会神学院『神学の声』2008年）。

翻訳　「説教を準備する ―― Reginald H. Fuller, Preachinng the Lectionary 序文」（ウイリアムス神学館『ヴィア・メディア』2010年）、「新しい契約としての山上の説教――『影響史』の観点から―― John Yieh, Reading the Sermon on the Mount as New Covenant in light of the History of Effects」（ウイリアムス神学館『ヴィア・メディア』2017年）。



今さら聞けない⁉　キリスト教 ――聖書・聖書朗読・説教編

（ウイリアムス神学館叢書Ⅱ）

---

2018年7月30日　初版発行

2024年6月20日　2版発行

著　者　黒田　裕

発行者　渡部　満

発行所　株式会社　教文館

〒104-0061 東京都中央区銀座4-5-1

電話 03(3561)5549　FAX 03(3250)5107

URL　http://www.kyobunkwan.co.jp/publishing/

デザイン　田宮俊和

---

印刷所　株式会社 デジタルパブリッシングサービス

URL　http://www/d-pub.co.jp/

配給元　日キ販　〒162-0814 東京都新宿区新小川町9-1

電話 03(3260)5670　FAX 03(3260)5637

ISBN　978-4-7642-9979-5　Printed in Japan